BORIS VIAN

Werke in Einzelausgaben
herausgegeben von Klaus Völker
bei Zweitausendeins

BORIS VIAN

Hundert Sonette

– CENT SONNETS –

DEUTSCH VON EUGEN HELMLÉ
UND LUDWIG HARIG

ZWEITAUSENDEINS

1. Auflage, April 1989.
2. Auflage, August 1994.
Deutsche Erstausgabe.

Herstellung: Dieter Kohler & Bernd Leberfinger.
Satz von LibroSatz, Kriftel.
Druck bei Wagner GmbH, Nördlingen.
Gebunden bei G. Lachenmaier, Reutlingen.
Printed in Germany.

Dieses Buch gibt es nur bei Zweitausendeins
im Versand (Postfach, D-60381 Frankfurt am Main) oder
in den Zweitausendeins-Läden in Berlin, Essen, Frankfurt, Freiburg,
Hamburg, Köln, München, Nürnberg, Saarbrücken, Stuttgart.

In der Schweiz über buch 2000,
Postfach 89, CH-8910 Affoltern a.A.

ISBN 3-86150-069-8 (Werkausgabe)
ISBN 3-86150-075-2

AUS DEM RAHMEN

(HORS CADRE)

À MON LAPIN

Comme je suis très vieux, je sais bien des histoires,
Et j'en ai fait pour toi pas moins d'un petit cent.
Oh, ça n'est certes ni très fin ni très puissant
Ça m'a pas demandé des efforts méritoires

Mais c'est un peu loufoque, un peu blasphématoire
Un peu gai quelquefois, un peu triste[1] en passant
Ça garde un peu de forme, et va s'avachissant
S'il le faut – mais c'était un motif péremptoire.

Ne me reproche pas de me moquer de tout.
Je ne me moque pas. Je me complais surtout
À tripoter dans les coins noirs ma pauvre muse . . .

Elle braille souvent. Dame, je n'y vois pas,
Et je lui fais du mal à ses tendres appas . . .
Mais je m'en fiche un peu pourvu que ça t'amuse.

[1] Triste, en trois lettres.

FÜR MEIN HÄSCHEN

Ich bin ein alter Mann, drum kenn ich viel
Geschichten,
Ein kleines Hundert wohl allein für dich gestalt' ich.
Das ist nicht sehr gekonnt und ist auch nicht gewaltig,
Hat mir nicht abverlangt besonders harte Pflichten.

Es ist ein bißchen irr, ein Stück von Bösewichten,
Ein bißchen fröhlich mal, ein bißchen trauerhaltig[1],
Ein bißchen hält's die Form, und wird dann
mannigfaltig.
Auf schlüssiges Motiv braucht es nicht zu verzichten.

Wirf bitte mir nicht vor, daß ich mich lustig mache.
Ich lache niemand aus, ich möchte, Ehrensache,
Im schwarzen Häusereck nur meine Muse krallen.

Oft brüllt sie schauderhaft. Verdammt, daß ich nichts
seh.
Und ihrem zarten Reiz tu ich so schrecklich weh.
Das ist mir ziemlich wurscht, dir soll es ja gefallen.

[1] Entspricht dem Trauerkloß.

LOTERIE

Si devant toi veux avoir de l'argent
Mets-en beaucoup de côté. C'est facile
La loterie te prête un bras docile
Elle sera de ton heur bon agent

Prendre un billet, c'est là le plus urgent.
Pour le choisir ne tiens pas un concile
Ne te dis point »Je suis un imbécile«
Si son achat te laisse un indigent.

Sans peur attends le moment du tirage,
Et que jamais tu ne montres ta rage,
Si ton espoir se retrouve à vau-l'eau,

Car c'est ta faute: il fallait prendre garde
De te placer sous l'haute sauvegarde
Du très bénin saint Honoré d'Eylau.

LOTTERIE

Wenn du willst vor dir sehn den Sack voll Münzen,
klingend,
Dann leg erst viel beiseit, das macht dir keinen Harm.
Es leiht die Lotterie dir ihren frommen Arm,
Sie führt dich in das Glück als dein Vermittler,
zwingend.

Nun kaufe dir ein Los, denn das allein ist dringend.
Doch wählst du eines aus, so schlage nicht Alarm
Und sage nie zu dir: Ich Dummkopf. Gott erbarm,
Wenn dich des Loses Kauf zurückläßt händeringend.

Erwarte ohne Angst den Augenblick der Ziehung
Und zeige keine Wut, nicht unbeherrschte Fliehung,
Wenn deine Hoffnung mal, pardauz, ins Wasser fällt.

Denn es ist deine Schuld, dir wars anheimgestellt,
Dich allerhöchstem Schutz getrost anzuvertrauen
Des Heiligen Honoré von Eyle Weyleauen.

BZZZ . . .

Dieu sut haïr assez pour concevoir les mouches,
Affreuses, veloutées, leur corps inquiétant
Gonflé de pus jaunâtre, et dans leur vol flottant
Traînant on ne sait quoi de funèbre et de louche.

Contrepettant Satan qui pourrit ce qu'il touche
Vous, mouches, vous touchez ce qui pourrit, goûtant
Toutes en foule à l'œil rosâtre et suintant
De bêtes aveuglées par vos avides bouches

Et votre aile stridente aux nervures de fer
Lève en mon cauchemar un nébuleux enfer
De corps velus, jaillis de l'ombre où l'on martelle

Les clous du long cercueil où j'étendrai mon corps
Et que l'on brûlera dans la flamme immortelle
Pour me sauver de vous, lorsque je serai mort . . .

BZZZ . . .

Wie sattsam haßte Gott, daß er die Mücken schuf.
Ihr schauderhafter Leib macht Schreck-, macht Samtgestalten
Von gelbem Eiter prall. In ihrem Flugverhalten,
Man weiß es nicht genau, ist Düstres und Verruf.

Der Satan schüttelreimt, verderbt, was er berührt,
Und ihr, die Mückenbrut, berührt, was er verderbt,
Labt euch am Augenschweiß, der rötlich sich verfärbt.
Geblendet ist das Tier, das eure Mäuler spürt.

Der schrille Flügelschlag mit euren Eisenrippen
Scheucht Nebelhöllen auf, in meinem Alptraum wippen
Behaarte Leiber her aus Schatten, und man hämmert

Bereits den langen Sarg, worin mein Körper liegt,
Der in der Flamme brennt, die nimmermehr versiegt,
Daß ich errettet bin, wenn mir der Tod einst dämmert.

LE BALLOT

I. Banal

Il naquit, gras et rond. Souvent, riant aux anges
Il s'amusait tout seul dans son léger berceau.
Il fit comme chacun plus d'un petit ruisseau
Comme à chacun de même on lui changea son lange

Il eut trois ans, les cheveux longs, puis une frange.
Sage le plus souvent, ce fut un jouvenceau
Normal, faisant du bruit, qui poussait son cerceau
Comme d'autres enfants, qui aimait les oranges

Le sucre, les bonbons, les gâteaux et les fruits,
Mangeait de gros biftecks avec grand appétit
Appréciait aussi la soupe et les légumes.

Il préférait aux coups les caresses. Souvent
Il attrapait la grippe à la suite d'un rhume
Tous les matins, il s'habillait en se levant.

DER DUMMKOPF

I. Allgemeines

Geboren fett und rund, grient er auf seinem Bauch
Und freut sich ganz allein in seiner leichten Wiege.
Er machte manchen Bach wie jedermann im Liegen,
Wie jedem wechselte man seine Windeln auch.

Er hatte langes Haar mit drei und später Fransen,
Zumeistens war er brav, ein ganz normaler Junge.
Er machte auch Radau, hielt seinen Reif im Schwunge
Wie andre Kinder auch, und mochte Pomeranzen.

Er aß das Zuckerzeug, die Früchte und die Torten,
Aß dicke Beefsteaks auf; er aß mit Appetit
Und nahm die Suppe auch und das Gemüse mit.

Den Schlägen zog er vor das Schmeicheln, auch mit Worten.
Ein Schnupfen war vorbei, er kriegte Grippe dann.
Sobald er sich erhob, zog er sich morgens an.

II. Lycée

Il grandit sans changer beaucoup, mais sa paresse
Le rendait très rapide à finir ses devoirs.
C'est une solution que l'on peut concevoir . . .
À la mathématique, il montrait peu d'adresse.

Ceci le décida. Pourquoi chercher sans cesse
À cultiver tout droit la branche du savoir
Où l'on paraît briller? Il dit un »au revoir«
Aux lettres, puis tâta de l'équation traîtresse.

Et ça marcha très bien. Toujours avant-dernier
Il ne se frappait plus, se sachant prisonnier
De l'engrenage obscur des différentielles.

Il fut reçu sans mal à son bachot Philo
Qu'il avait préparé, rechute vénielle,
Par-dessus le marché, puis coiffa le calot.

II. Gymnasium

Er wuchs geschwind heran, doch änderte sich kaum.
Die Faulheit trieb ihn an, die Hausarbeit zu pfuschen.
Das wird die Lösung sein, man kann sie nicht vertuschen:
Bei der Mathematik war ihm nicht recht zu traun.

Und das bestimmte ihn. Wozu der stete Wahn,
Den Zweig des Wissens kultivierend zu versehen
Damit man glänzen kann? Er sagte »Wiedersehen«
Der Sprachkunst, fühlte dann der Gleichung auf den Zahn.

Das klappte wunderbar: Vorletzter immerfort.
Er machte sich nichts draus. Gefangen saß er dort
Im dunklen Räderwerk der Differentialen.

Er machte Abitur, mit guter Note gar,
War bestens präpariert, ein leichter Rückfall zwar.
Uns bleibt, ihn obendrein im Käppi auszumalen.

III. Bizuth

Et ce fut le concours pour une grande école
La ruée contenue de mille bons crétins
Vers deux cents places, se lever dans les matins
Lourds d'orages latents, et le cœur qui s'affole . . .

La verrière immense, houleuse casserole
Où cuisent des cerveaux nageant dans leurs destins
Les froncements de fronts, les appels clandestins
Les départs, en clamant une suite de Rolle . . .

Enfin, le mois d'attente inquiète et de leurre
Qui durera dix ans mais n'a duré qu'une heure
L'oral tant espéré, piteux et solennel

L'incompréhension des copains sans entrailles
Le bon cœur de bourreaux barbus à l'œil cruel
Et le jour du triomphe où croulent les murailles.

III. Anfänger

Die Prüfung kam heran für eine hohe Schule.
Der Ansturm setzte auf (von tausend zahmen Affen)
Zweihundert Plätze ein: früh aus dem Bett sich
schaffen,
Schwer von Gewitterdrang, das Herzblut eine Suhle.

Das Riesenglasgefäß, ruhlose Kasserolle,
In der Gehirne schmorn, in ihrem Schicksal
schwimmen,
Das Runzeln mancher Stirn, die heimlichleisen
Stimmen,
Der Abgang mit dem Schrei nach einer neuen Rolle.

Der Monat dann, worauf die Ungeduld gelauert,
Der ein Jahrzehnt vielleicht, doch eine Stunde dauert,
Das Mündliche gottlob, erbärmlich, zum Erbrechen.

Verständnislosigkeit der Kumpels, die nichts taugen,
Das brave Henkerherz, der Bart, die bösen Augen,
Der Tag dann des Triumphs, an dem die Mauern
brechen.

IV. Jeune

Et c'était l'âge neuf des danses enlacées
Aux corps souples, chargés de fluides odeurs
Baisers osés, posés sur la fauve tiédeur
De frôleuses toisons doucement caressées

Parfois le souvenir de ces heures passées
À résoudre un problème aux mornes profondeurs
S'effilochait, vapeur légère, dans l'ardeur
De lèvres, sur sa bouche haletante pressées

Mais, aigu, tout au bas de la ligne du rêve
Le hameçon de son travail venait sans trêve
Crocher, perfide éclair, les parois de son cœur

Et son regard lassé suivait dans la nuit claire
Aux éclats saccadés de grands rires moqueurs
La ronde échevelée d'affreux spectres scolaires . . .

IV. Jung

Es kam die neue Zeit von eng verschlungnen Tänzen
Mit Körpern – sehr gelenk, mit Düften – wahren
Flüssen,
Auf wilde Feuchtigkeit gedrückten kühnen Küssen,
Mit sanft gestreichelten, flaumzarten
Pferdeschwänzen.

Und die Erinnerung an solch verflossene Stunde,
Verbracht, um ein Problem mit trübem Grund zu
lösen,
Begann sich in der Glut der Lippen aufzulösen,
Ein leichter Rauch, gehaucht aus fest verschlossnem
Munde.

Doch spitz, am tiefsten Punkt der Leine dieses Traums,
Krallt unverzüglich sich der Haken seines Machens
An seiner Herzwand fest. Ein Blitz fällt durch das
Fenster.

Und sein erschlaffter Blick, in klarer Nacht des
Raums,
Folgt, Wasserstürzen gleich, im großen Spott des
Lachens
Zerzaustem Reigen nach verwünschter
Schulgespenster.

V. Colles

À l'école, un gros homme à la mine flétrie,
Membre de l'Institut – c'était le directeur –
L'ignora, comme ceux dont – crime indicateur –
Le père n'était pas »quelqu'un dans l'industrie«.

Il n'en apprit pas moins la stéréométrie,
La construction des ponts ou des générateurs
Et l'art du militaire et du dessinateur
Pour gagner sa pitance et servir sa patrie.

Mais son crâne était vide et ses pieds étaient lourds
Quand il franchit la porte au bout de tant de jours
Ivre un peu de sentir son corps en équilibre.

Soigneusement lié reposait dans sa main
Fagot du feu rongeur où vont les âmes libres
Le rouleau de peau d'âne à piper les gamins.

V. Nachsitzen

Sein Schuldirektor, dick, ein Mann mit Augenschatten,
Mitglied des Instituts – verruchte Infamie –
Nahm ihn nicht wahr wie die, die einen Vater hatten,
Der »irgend jemand war« in Wirtschaft, Industrie.

Jedoch nichtsdestotrotz lernt er die Körpermessung,
Den Brückenbau, den Bau elektrischer Maschinen,
Die Kunst des Militärs, die Kunst der Landvermessung,
Um seinem Unterhalt und seinem Land zu dienen.

Sein Schädel ist so leer, die Füße sind so schwer,
Als er nach langer Zeit aus dieser Tür marschiert
Mit dem Gefühl, daß er das Gleichgewicht verliert.

Sorgfältig eingespannt: so liegt in seiner Hand
– Als Bündel Reisigglut, die Seelen zu veraschen –
Das Abschlußzeugnis ihm, um Kinder zu erhaschen.

VI. Deuxième bout

Ainsi, les yeux fixés sur son rêve menteur
Il partit dans la vie, muni d'un beau courage
Et d'un crâne où flottait un ravissant mirage
Il atterrit enfin chez un grand directeur.

»Entrez, cher camarade et collaborateur.
Entrez, vous vous mettrez tout de suite à l'ouvrage«
Il entra, se voyant construire un grand barrage
Il gagnait un peu moins qu'un fraiseur-ajusteur.

Mais il était heureux. Son rêve prenait corps
Il se voyait gravir en un délai record
Les échelons abrupts de sa neuve carrière.

Trente ans plus tard, attendant toujours le succès
Il fut, couronnement d'une vie régulière
Nommé chef de bureau par suite d'un décès . . .

VI. Zweites Endstück

Die Augen, ganz gebannt auf seine falschen Träume,
Bricht er ins Leben auf, mit gutem Mut versehn
Und einem Schädel voller trügerischer Schäume.
Vor seinem großen Chef sieht er sich schließlich stehn.

»Herein, herein, mein Freund, mein lieber Mitarbeiter,
Herein, hereinspaziert, und gleich ans Werk gemacht!«
Ein Stauwerk wird gebaut, jetzt bringt er's endlich
weiter.
Er hat es nicht einmal zum Schlosserlohn gebracht.

Wie glücklich war er nun. Sein Traum bekam Gestalt.
Er sah, wie er im Nu und ohne Aufenthalt
Die Stufen im Rekord erklomm mit Überschall

Und dreißig Jahr' danach, er wartet noch vergebens,
Ernennt man endlich ihn als Krönung seines Lebens
Zum Bürochef auf Grund von einem Trauerfall.

APPORT AU PRINCE

Je veux porter aux nues le prince des pohêtes.
Chacun de nous[1] lui doit un hommage fleuri,
Lourd d'un relent d'encens en cent cerveaux mûri,
Ample autant que le vol du puissant gypaète.

Louons, louons Paul Fort. Qu'il siège sur la crête
D'Olympe aux pics aigus foulés par le cabri.
Que son nom pour jamais des mortels soit chéri,
Et dans l'Hellade aurée, que, laurier en tête,

Il règne, non content d'avoir régné sur nous.
Ainsi, dans la fumée bleuâtre, les vaudous
Trônaient, dominateurs, au temps des sacrifices.

Voilà. J'ai célébré ses ouvrages parfaits.
Qu'importe donc si (je l'avoue sans artifice)
Je ne connais pas un des beaux vers qu'il a faits.

[1] Nous, les pohêtes.

FÜR DEN FÜRSTEN

Ich trag den Dichterfürst hinauf in helle Firnen.
Ein jeder[1] schuldet ihm bekränzte Lobesfeier,
Erfüllt von Weihrauchduft, gereift in hundert Hirnen,
Weiträumig wie der Flug von schwerem Lämmergeier.

Ja, preisen wir Paul Fort! Mag er sich einverleiben
Der Spitze des Olymp, auf dem die Zicklein traben.
Und mag sein Name uns auf immer teuer bleiben,
Mag er den Lorbeerkranz auf seinem Haupte haben.

Er herrscht, zufrieden nicht, uns so beherrscht zu haben.
So thronten dermaleinst Wodus im blauen Rauch
In langvergessner Zeit der Menschenopfer auch.

Ich hab sein Werk gelobt so wie das Ei die Henne.
Was solls da schon, wenn ich – was ich ganz frei bekenne –
Nicht einen einzgen Vers, den er gedichtet, kenne

[1] Alle Dichter.

HOT

Calme plat – mer blême – Ciel vide
Soleil terrassé dans un coin
Autour des mâts tournent sans fin
Quelques vagues oiseaux livides

Le ventre des voiles se ride
Et pend depuis tant de matins . . .
Le goudron fond au fond des joints.
Dans toute l'étendue aride,

Sans mouvement et sans couleur
Sous l'étreinte de la chaleur
Les ombres tombent, plates, mortes.

Et l'océan, ciment luisant
Fait prise, emprisonnant, gisant
L'inerte vaisseau qu'il supporte . . .

HOT

Gebleichtes Meer. Entleerter Himmel.
Die Sonne streckt sich in ein Eck.
Rings um die Masten auf dem Deck
Der fahlen Vögel Fluggewimmel.

Es schlägt der Bauch der Segel Falten.
Er hängt seit vielen Morgen durch.
Der Teer zerschmilzt in tiefer Furch'.
Im dürren Raume, wohlbehalten,

Bewegungslos, von Farben frei,
Umarmt von Hitze, blutigrot:
Die Schatten fallen, flach und tot.

Der Ozean, ein greller Brei,
gefangenhaltend, Beute schlägt:
das träge Schifflein, das er trägt.

STARS

Amis, versons un pleur: le goût français n'est plus
Allez au cinéma, allez à l'aveuglette
Et contemplez un peu les traits de la vedette
Rougis, public, de voir à quoi tu te complus.

Deux peut-être sur cent des films seraient exclus
Du musée des horreurs. Et l'on se tient la tête
Pour comprendre. On ne comprend pas. Serait-on bête
Pourquoi les producteurs ont-ils l'esprit perclus

Au point de s'envoyer des femelles pareilles
N'en existe-t-il pas, sans être des merveilles
Qui baiseraient aussi, pourraient tourner aussi

Posséderaient pourtant un charme perceptible
Par un mortel moyen, pénétré du souci
De ménager un peu la surface sensible? . . .

STARS

Zum Heulen ist's: wo bleibt französischer Geschmack?
Ins Kino geh hinein, in Finsternis erfahr's:
Betrachte unentwegt das Mienenspiel der Stars.
Erröte, Publikum, du kennst nur Schnick und
Schnack.

Von hundert Filmen zwei sind ausgeschlossen meist
Vom Horrorangebot. Man faßt sich an den Kopf.
Doch man begreift es nicht. Ist man denn so bekloppt?
Was hat der Produzent für einen lahmen Geist.

Daß solche Weiber er sich untern Nagel reißt.
Gibt es denn keine mehr, die sich noch beides gönnen:
Die vögeln würden und zugleich schauspielern können,

Um die noch etwas Charme vernunftbetörend kreist?
Der kleine Durchschnittsmensch, in dem die Sorgen
wohnen,
Will seine zarte Haut auch noch ein bißchen schonen.

AMENDE HONORABLE

Vierges d'écran, j'aime vos tailles fines
Vos yeux, chargés de cils pas tous à vous
Vos doux cheveux lourds de nos rêves fous
Votre peau ronde et vos coquettes mines

Simone, avec tes fossettes câlines
Gaby la rousse et la noire[1] surtout
Michèle, et dans son grenier fourre-tout
La pétulante et preste Micheline

Marie, si brune, échappée d'une image
Enluminée datant du Moyen Âge
Et Josseline à la claire toison

Toi seule enfin qui toutes les surpasses[2]
(Par l'âge aussi – il donne la raison –)
Vénus de dos, Danielle de face . . .

[1] Noire . . . au temps du Père Noël . . .
[2] Notez bien que ce n'est pas du tout mon avis. (Excuse-moi, Porfirio.)

ÖFFENTLICHE ABBITTE

Ihr jungen Leinwandstars, ich liebe eure Hüften
Und eure Wimpern auch, die sonstwo ausgeliehnen,
Und euer sanftes Haar, ganz schwer von irren Düften
Und eure runde Haut und die koketten Mienen.

Ich liebe dich, Simone, mit deinen zarten Grübchen,
Ich liebe, Gaby, dich, die Rote und die Schwarze[1]
Ich liebe dich, Michèle, in deinem Rumpelstübchen,
Ich liebe Micheline, die Wilde mit der Warze.

Und die Marie, brünett, gemalt mit feinem Stift,
Aus einem Bild, das aus dem Mittelalter stammt,
Und auch die Josseline mit ihrer hellen Welle.

Doch schließlich dich allein, die alle übertrifft[2]
An Lebensalter auch, das gibt erst den Verstand,
Von hinten Venus und von vorne Danielle.

[1] Schwarz zur Zeit des Weihnachtsmanns.

[2] Wohlgemerkt, das ist ganz und gar nicht meine Meinung. (Entschuldige bitte, Porfirio.)

POISSONS

Pêcheurs, gourmands, je veux pour vous en un sonnet
Chanter la faune longue et lisse des eaux tièdes,
De l'omble-chevalier, cher à l'antique aède,
Au poisson-chat – que j'appelais: poisson-minet.

Le requin-pèlerin, pieux sous son bonnet,
L'ablette, effroi des tout petits lapins; la laide
Lotte, toujours joyeuse, et l'orphie toujours raide.
L'anguille hautaine . . . il n'est pas bon, je reconnais.

Le brochet, craignant avant tout le relieur,
La carpe, célébrée par Horace; oublieur,
Le rémora, cherchant un »mé« problématique . . .

L'avare gardon-tout, Mac-quereau l'Écossais . . .
Et du pisciculteur-géomètre français,
L'œuvre célèbre sous le nom de raie torique.

FISCHE

Ich möchte im Sonett für euch, ihr Fischersleute
Die Fauna, lang und glatt, der warmen Wasser preisen:
Vom Saibling, welcher den antiken Sänger freute,
Bis hin zum Katzenfisch, den Miezenfisch der Weisen.

Der brave Pilgerhai, fromm unter seiner Haube,
Der Weißfisch, Schreckgespenst der niedlichen
Karnickel,
Der Seewolf, immer froh, der Hornhecht, voller Pickel,
Der Aal, er ist nicht gut, woran ich leider glaube.

Der Thunfisch fürchtet sich vor Arbeitslosigkeit,
Den Karpfen hat Horaz im Vers gebenedeit.
Vergeblich strebt der Barsch nach Sanftheit in den
Knochen.

Der Stör gibt keine Ruh, rumort bis ins Gedärm,
Und auch der Schellfisch schlägt mit seinen Schellen
Lärm,
Der Näsling hat derweil den Braten schon geRochen.

S. N. C. F.

Envie . . . Lovée confusément dans mon cerveau
Mouche jaune engluée dans la puante ordure
Envie . . . les mots affluent . . . Torture . . . impure . . . endure
L'amère pourriture emplissant le caveau

Coins d'ombre . . . âpres désirs, et mal toujours nouveau
Morsure du possible à la dent toujours dure
Égout fétide et dont le torrent de vidures
Du barrage du crime atteindrait le niveau . . .

Tout se calme et se tait. Le cauchemar se vide
Laissant comme un abcès quelques traces livides
Mais, inlassable lèpre, insidieux corail

Elle ronge mon cœur et le tache et le troue.
Sous le tunnel du mal glissant au choc des rails
Le wagon du mon âme a des places de boue . . .

S. N. C. F.

O Lust, voll Konfusion in meinem Hirn zerknüllt,
Du gelbes Fliegentier, im Müllgestank verklebt!
O Lust im Wörterstrom! Unreine Qual! Doch lebt
Die bittre Fäulnis auf, die das Gewölbe füllt.

Und Schattenecken, Gier und immer neues Übel,
Der Biß der Möglichkeit mit immer hartem Zahn,
Des Stinklochs Sturzbach füllt den Staudamm mit dem Wahn
Bis an den Rand, wenn man ihn gießt aus vollem Kübel.

Beruhigt sich und schweigt. Der Alptraum fließt hinweg,
Läßt fahle Spur zurück wie sonst nur ein Abszeß.
Die Lepra, unentwegt, arglistige Koralle,

Zernagt mein ganzes Herz, befleckt, durchlöchert es:
Der Seele Zugwaggon, in Tunnels böser Kralle,
Bei jedem Schienenstoß hat Plätze nur aus Dreck.

FLEURS

Factionnaire au bord d'un étang
C'est près de la mare guérite.
Au clair matin, douleur subite
– Aube, épine, – vous poinct souvent.

Ire, Ys, c'est un dieu menaçant
Submergeant la ville maudite.
Œil, hait, Dieu toujours, et fuite
De Caîn et de ses enfants.

Poids de cent heures dit les peines
Du prisonnier aux lourdes chaînes.
Charme, c'est ce qu'Amélie a.

Corps glacé d'amour meurtrière,
Demain seras au cimetière
Où pour ton cœur lourd dalle y a.

BLUMEN

Posten steht am Weiher drauß
Bei der Pfütze Schilderhaus.
Schmerz am Morgen, unverhofft,
Weißer Dorn zersticht dich oft.

Ihr, Ys, seid ein strenger Gott,
Freßt das miese Stadtkomplott.
Gott gebeut, den Haß zu lindern,
Flucht vor Kain und seinen Kindern.

Das Gewicht von hundert Stunden
Öffnet des Gefangnen Wunden.
Charme zeigt einzig das Kamel.

Leib, von Liebesmord erstarrt,
Deiner schon der Friedhof harrt
Und ein schwerer Steinpaneel.

HAUTE PHILOSOPHIE

Cauchemars aux doigts de charbon
Démons dansants, aride arête
Des pics noirs sur blanc dont la crête
Masque l'abîme que d'un bond

L'on franchit pour y choir, gibbons
Pendus aux gibets, sales têtes
De folles, viles, molles bêtes
Gluants sansonnets du Gabon

Ma cervelle tordue s'entête
À vous chercher, pâles comètes
Aux arômes nauséabonds

Et je vous chéris et vous fête
Car les mauvais rêves sont longs
Si ce sont les bons qu'on regrette.

HOHE PHILOSOPHIE

Alpdruck mit den Kohlenfingern,
Veitstanz über steiler Klamm.
Grate schwarz auf weiß, ihr Kamm
Läßt die Schlucht mit einem Satz verringern.

Stürzend überspringt man Affen,
Wie am Galgen aufgehängt,
Stare aus Gabun, durchtränkt,
Kopf von Tieren, irren, grausen, schlaffen.

Mein verdrehtes Hirn, entschlossen
Euch zu suchen, bleichende Kometen
Mit dem ekligen Gestank nach Mist.

Ich liebkose, feire unverdrossen:
Schlechter Traum will nimmer enden,
Wenns der gute ist, man ihn vermißt.

TERRES ABSCONSES

Il y a quelques jours, j'ai fait un rêve affreux
J'étais un Vrai poète, et sur un papier jaune
J'écrivais en Vrais Vers un morceau long d'une aune
Avec de l'encre rose . . . et voici cinq d'entre eux

Galbe au tréfonds des sources blêmes . . . Col des preux
Contemnant rupicole en l'ogive du faune aigre,
Vers le néant du geste, ainsi des aunes force dardée . . .
Calmons les matins ténébreux . . .

En moi sourd le lyripipion des ontogones! . . .
Et mon réveil sonna. J'avais vu la gorgone
En face, et je suais comme sole au gratin.

Maintenant, j'ai compris comme font les poètes
Ils s'endorment sitôt que la nuit est complète
Et ne montent jamais leur réveille-matin.

DUNKLE LÄNDEREIEN

Vor Tagen machte mir ein schlimmer Alptraum bang:
Als Wahrer Dichter und auf gelbliches Papier
Schrieb ich den Wahren Vers, ein Stückchen, ellenlang,
Mit Tinte rosarot, und fünf davon sind hier:

Am Grunde fahlen Quells . . . der Helden runder
Hals . . .
Der Felsenhahn im Kopf des alten Griesgrams Faun,
Zum Nichts der Geste hing der Ellen Schleuder-
kraft . . .
Beschwichtigt sie jedoch das düstre Morgengraun.

Es quillt in mir hervor das Lyripipione.
Mein Wecker klingelte. Da sah ich die Gorgone.
Ich schwitzte wie der Fisch, der in der Pfanne liegt.

Jetzt habe ich kapiert, wie es der Dichter macht.
Er schlummert einfach ein in lückenloser Nacht
Und hütet sich davor, den Wecker aufzuziehn.

NORD

Il[1] s'en était allé vers l'océan nordique
Pêcher les poissons gris que l'on trouve là-bas[2].
Il trimait dans l'ouate blême où l'on se bat,
Cherchant sa route au sein du troupeau sporadique

Des voiliers[3], beuglant à longs coups spasmodiques
Pour arracher des vies à l'inégal combat[4].
Pendant les quarts, mâchant sa chique de tabac,
Il rêvait, et le flot clapotait, fatidique . . .

Et c'était, au pays, la saison des retours.
Elle était revêtue de ses plus beaux atours . . .
Elle chantait . . . Brise légère, ô, brise douce,

Dis-moi s'il reviendra dans sa maison d'Armor?
Et, loin sur la falaise et sur la lande rousse,
En un soupir éteint, l'écho répondit: mort . . .

Ça, c'est un petit poème triste et musical qu'il faut lire assis sur le banc de Terre-Neuve, avec une bonne pipe et un cartahu apprivoisé. Ajoutons pour les âmes sensibles que l'écho s'est foutu dedans. Il est revenu trois ans après, marié à une esquimaude.

[1] Yvon-Marie Le Gall Kermaous.

[2] Également Place Clichy.

[3] Ce chiffre ne veut pas dire qu'il n'y avait que trois voiliers.

[4] Ces poissons-là, c'est tellement fort.

NORDEN

Zum Nordmeer zog er[1] hin, den grauen Fisch zu jagen,
Der dort[2] zu finden ist. Er stromerte umher –
Wo's häufig Keile gibt: im weißen Wattemeer –
Traf Herden ab und zu und hat sich durchgeschlagen.

Die Segelschiffe[3] schrien in Krämpfen und frenetisch,
Um Leben zu befrein aus ungerechtem Kampf.[4]
Auf Wache träumt er es, im scharfen Tabaksdampf,
Das Wasser unterdes, es plätscherte prophetisch.

Und auf dem Lande wars der Rückkehr Jahreszeit.
Sie war herausgeputzt mit ihrem schönsten Kleid,
Sie sang, o leichter Wind, o sanftes Sturmgebraus,

Sag, ob er wiederkehrt nach Armor in sein Haus?
Von einer Klippe, fern, und aus der Heide, rot,
Das Echo schallt zurück in mattem Seufzer: tot ...

Dies ist ein kleines, trauriges und musikalisches Gedicht, das man, auf der Bank von Neufundland sitzend, mit einer anständigen Pfeife und einem gezähmten Cartahu lesen muß. Fügen wir für die empfindsamen Seelen noch hinzu, daß sich das Echo da hinein verirrt hat. Es ist drei Jahre später zurückgekommen, verheiratet mit einer Eskimofrau.

[1] Yvon-Marie Le Gall Kermaous.

[2] Ebenfalls Place Clichy.

[3] Diese Zahl bedeutet nicht, daß es nur drei Segelschiffe gab.

[4] Diese Fische sind ja so stark.

AUTODÉFENSE DU CALEMBOUR

Pourquoi donc me vouer aux noires gémonies?
Rien n'est fertilisant comme un sac de guano.
Fraises, pousseriez-vous sans le puant tonneau
Épandant sur vos pieds la matière bénie?

Vil calembour! dit-on. Mais suave harmonie
Pour l'oreille de qui n'aime point Giono.
Je fleurissais déjà quand la pâle moineau
Roucouleur emporta l'olive en Arménie.

Mais vous êtes jaloux. Vous autres, esprits forts,
Vous lisez du Claudel, paraît-il, sans efforts.
Allez, vilains forgeurs de pièces édifiantes,

Hannetons lourds de vos vers blancs, tous, décampez!
Car de l'esprit volant je ne suis que la fiente,
Mais je tombe de haut tandis que vous rampez.

SELBSTVERTEIDIGUNG DES KALAUERS

Weshalb hab ich mich denn der schwarzen Schmach
geweiht?
Nichts fruchtet wie ein Sack voll Vogelkot. Erdbeere,
Wie wolltest du gedeihn, wenn nicht das Stinkfaß
wäre,
Das segensreichen Stoff auf deine Füße streut?

Pfui, Kalauer! sagt man. Doch sanfte Harmonie
Hat er fürs Ohr, in dem Giono keinen Platz.
Ich stand in Blüte schon, bevor der blasse Spatz
Olivenkerne stracks bis nach Armenien spie.

Und neidisch seid ihr auch. Ihr andren starken Köpfe,
Ihr lest, scheints mühelos, Claudel. Geht weg, ihr
Tröpfe,
Da euer Schmiedeblech nach flachen Stücken riecht.

Maikäfer, haut doch ab, da euer Blankvers knattert.
Ich bin die Kacke nur vom Geiste, der da flattert.
Ich fall von oben ab, dieweil ihr unten kriecht.

S. E. P. I. etc.

Bureaucrate, emmanché d'une lustrine immonde
Vautré dans les papiers qui s'entassent sous moi
Je contemple, rêveur un vieux texte de loi
Et me gratte le front d'une plume de ronde[1]

J'ai du travail. Tant pis . . . Le tournoiement du monde
Même si je me tiens fainéant plus qu'un roi
Ne s'arrêtera point. C'est fort heureux, ma foi,
Mais ça m'est bien égal. Seconde après seconde

Le Temps glisse, visqueux, dans le tube des jours
Il s'attache aux parois, s'attardant aux détours
Puis s'écoule et je reste avec mon âme vide

Et je gratte ma tête en attendant le soir
L'heure où j'absorberai d'une mâchoire avide
Le chou puant dont l'odeur gît dans le couloir.

[1] De ronde-cuir.

S. E. P. I. usw.

Ich Bürokrat, gehüllt in widerliches Leder,
Ich suhl mich im Papier, das unter mir entschlafen,
Betrachte mir verträumt die alten Paragraphen
Und kratze meine Stirn mit einer Kratenfeder[1].

Ich habe Arbeit. Schad. Der Welten Wirbelrunde
– Selbst wenn ich fauler bin als mancher König ist –
Wird nicht zu Ende gehn, ist glücklich, daß ihrs wißt.
Das ist mir ganz egal. Sekunde nach Sekunde.

Die Zeit glitscht schleimig hin ins Rohr der Wochentage.
Sie hängt sich an die Wand, verhält mit einem Schlage,
Fließt ab. Nichts außer mir der leeren Seele winkt.

Ich kratze mir den Kopf und warte auf den Abend,
Wenn ich mir voller Gier, die dicken Backen labend,
Den Kohlkopf einverleib, der durch den Hausflur stinkt.

[1] Bürokratenfeder.

HAUTS FONDS

Heureux les blêmes noyés balancés par la houle!
Les vers ne les lardent pas dans un cercueil obscur . . .
Leurs poumons sont délivrés des miasmes impurs
De sépulcres où l'humeur et la sanie s'écoule . . .

Ho! verdâtres naufragés aux fonds où le flot roule,
En marge de votre vie quand le deleatur
Point soudain, vous n'allez pas gésir sous le sol dur,
Sous la terre sale et triste où va creusant la goule . . .

L'ardente étreinte à huit bras du poulpe vous enivre,
Et gagnés par la douceur de l'eau, de ne plus vivre,
Vous riez à grandes dents, arrondis par l'orgueil

D'aimer aux abîmes gris le corps froid des sirènes,
L'or des soleils engloutis par la mer souveraine . . .
Elle – rit et montre aussi les dents de ses écueils . . .

HOHE TIEFEN

Ertrunkne glücklich sind, die auf der Welle schweben.
Sie sind im finstren Sarg von Würmern nicht gespickt.
Die Lungen sind befreit vom faulen Dunst der Gräber,
Aus denen Säfte ziehn, als Jauche eingedickt.

Verschollen auf dem Grund, darüber Wogen rollen.
Wenn euer Tilgungsmal ganz plötzlich angespült,
Dann werdet ihr euch nicht in harten Boden trollen,
In gräßlich öden Dreck, in dem der Vampir wühlt.

Doch macht es euch berauscht, den Tintenfisch zu küssen.
Verführt von sanfter Flut, nicht leben mehr zu müssen,
Lacht ihr aus vollem Hals, vom Stolz gebläht wie Schiffe.

Nur der Sirenen Leib habt ihr euch noch verdungen.
Das kalte Sonnengold, vom hohen Meer verschlungen,
Es lacht und zeigt gleichfalls die Zähne seiner Riffe.

ZAZOUS

(ZAZOUS)

I. LE ZAZOU

À Henri de Régnier

La cheville entravée, l'épaule retombante,
Le cheveu hérissé, l'œil bleu, l'air idiot
Le zazou se redresse, et son crâne-grelot
Flamboie, tempes serrées par la gomme adragante.

Depuis midi, d'une démarche nonchalante,
Laissant traîner ses pieds et suçant un mégot,
Il erre, allant de bar ou de swing-caboulot
En d'autres bars, noyer le chagrin qui le hante.

Oui, depuis l'heure où triompha, date funeste,
Le petit col anglais, depuis que toute veste
Doit descendre au genou, depuis que le chapeau

Moulera l'occiput en laissant le front libre,
Le zazou ne vit plus, car il cherche la peau,
Pour se chausser, d'un daim qui soit de son calibre.

I. DER ZAZOU

Für Henri de Régnier

Der Knöchel angeknackst, die Schulter abwärts hängt,
Das Auge blau, das Haar gesträubt und dämlich das
Gesicht:
Mit seinem Schellenkopf hat der Zazou sich
aufgericht',
Er glänzt. Die Schläfen sind pomadig durchgetränkt.

Seit zwölf eilt er umher in unbedachten Läufen.
Er schleift die Füße nach, er lutscht an einer Kippe,
Er läuft von Bar zu Bar, läuft in die Nahkampfdiele,
Den Kummer, der ihn quält, gehörig zu ersäufen.

Seit jener Zeit, als noch ein Kragen voller Schmiß,
Sofern er englisch war, seit jede Jacke bis
Ans Knie hinunterging, seitdem daß jeder Hut

Den Hinterkopf verformt und frei die Stirne läßt,
Lebt der Zazou nicht mehr. Er hält am Leder fest,
Er liebt Wildlederschuh, das paßt ihm absolut.

Hoch leben die Zazous!

II. SWING-CONCERT

Dedicated to bôpapa

> Dire que Michel Warlop ou
> Claude Laurence jouent juste,
> c'est du culot! . . .
> (Moi)

Le violon multipliait les notes aigres
Et les zazous hurlaient de joie. Puis le batteur
S'escrima comme un fou tandis que le chanteur
Attaquait son couplet. On disait que les nègres

N'avaient jamais fait mieux. Un crétin, grand et maigre,
Remuait en cadence un pied. Plein de hauteur
Un autre savourait, l'œil mi-clos, protecteur,
La mélodie qui déroulait son rythme allègre.

C'était un beau concert. Jamais les fausses notes
N'avaient connu l'approbation de tant de sottes.
Un tel succès ne se rencontre pas souvent.

Et comme s'apaisait, sans motif défini,
L'affreux pandémonium, un zazou, se levant,
Agitait son index quand tout était fini . . .

II. SWINGKONZERT

Dedicated to Bopapa

Zu behaupten, Michel Warlop oder
Claude Laurence spielten richtig,
ist eine Dreistigkeit! . . .
(Ich)

Die Geige potenziert die Notenhysterie,
Es brüllen die Zazous im Saale laut vor Lust.
Der Drummer müht sich ab, dieweil die Sängerbrust
Ihr Lied in Angriff nimmt. Die Neger haben nie

Was Besseres gemacht. Ein Dirmel, groß und schlapp,
Bewegt im Takt den Fuß. Voll Stolz ein andrer Gast
Genießt es gönnerhaft und schließt die Augen fast:
Im heitren Rhythmus spult die Melodie sich ab.

Ein schönes Swingkonzert. Nie haben falscher Noten
So viele Dümmliche den Beifall dann entboten.
Solch rauschender Erfolg bedeutet allerlei.

Ganz ohne einen Grund bequemte sich zur Ruh
Das Pandämonium: da streckte ein Zazou
Den Zeigefinger hoch. Doch alles war vorbei.

SURPRISE-PARTY

Le pick-up graillonnait un blouze mélancolique
L'air était alourdi de poussière et d'odeurs
Quelques zazous dansaient tenant contre leurs cœurs
Les filles courtes au derrière spasmodique

Dans un placard, un couple amateur d'obstétrique
Se livrait à des jeux pleins d'art et de candeur
Un autre dans un coin tentait avec ardeur
L'accouplement des amygdales, en musique.

Des mains se rencontraient sous des jupes trop courtes
Ivres, deux tourtereaux – (Si je disais: deux tourtes?) –
Cherchaient partout un lit; les lits étaient tous
pleins . . .

Laissez se baisouiller cette jeunesse heureuse
Pourquoi les extirper de cet impur purin
Si leur espoir se borne à frotter des muqueuses?

ÜBERRASCHUNGSPARTY

Der Plattenspieler tönt, spuckt aus den trüben Blues.
Die Luft ist zentnerschwer vom Staub und von
Gerüchen.
Es tanzen die Zazous, an ihre Herzen drücken
die kurzen Mädchen sie mit queckem Hinterteil.

In einem Kleiderschrank ein Paar vor Übermut
Sich in ein Spiel von Kunst und Lauterkeit verstieg.
Ein anderes versucht in einer Ecke voller Glut
Das Paarungsritual der Mandeln bei Musik.

Und Hände trafen sich unter zu kurzen Röcken,
Zwei Turteltauben, ach, sie flohen vor den Böcken
Und suchten sich ein Bett: die Betten waren voll.

Laß sie sich vögeln doch, die Jugend, glücklich, toll,
Sei still, laß es sie doch in dieser Jauche treiben,
Was ist denn schon dabei, die Schleimhaut sich zu
reiben?

III. RÊVE DE ZAZOU

. . . je connais un petit cinéma
clandestin où on voit des films
américains, mon vieux . . .
(X . . .)

Dans ce bar swing où l'ambiance est accablante
Il somnole, tapant sans ardeur le culot
De sa pipe d'où choit l'incandescent brûlot . . .
Parfois il pince avec une grâce troublante

Sa cravate rayée de jaune et d'amarante . . .
Et puis il rêve et songe en son rêve falot
Qu'on a du mal à voir sur les écrans Charlot
Que la Craven est rare et l'époque écœurante.

Alors, tendant la main vers son cocktail aux fraises
Il s'apprête à répondre aux fillettes niaises
Dont il aime à se voir entouré tout le jour

Il s'efforce de ressembler au sphinx d'Œdipe,
Ferme à demi les yeux, souriant à sa cour,
Et, pour tuer le temps, allume une autre pipe . . .

III. ZAZOUTRAUM

> Mann, ich kenne ein kleines Underground-Kino, wo man amerikanische Filme zeigt . . .
> *(X . . .)*

Er döst in dieser Bar, in der es drückend ist
Und schlägt dabei verzagt auf seinen Pfeifenkopf,
Aus dem die rote Glut der Asche niedertropft.
Zuweilen kneift er sich mit raffinierter List

Den Schlips, der gelb und rot gestreift ist, um zu protzen.
Dann träumt er, und er denkt in seinem trüben Traum:
Ach, Charlie Chaplin sieht man auf der Leinwand kaum,
Die Craven A ist rar, die Zeit ist schier zum Kotzen.

Drauf greift er mit der Hand nach einem Erdbeerwein,
Läßt sich auf ein Gespräch mit blöden Mädchen ein,
Von denen Tag für Tag er welche sehen kann.

Er ähnelt ungefähr der Sphinx des Ödipus.
Er schließt die Augen halb, wirft einen Händekuß
Und zündet sich derweil die nächste Pfeife an.

IV. AMOUR DE ZAZOU

. . . C'est pas parce qu'on est
swing qu'on ne connaît pas l'amour . . .
(X . . .)

Elle dansait, légère en ses souliers de bois.
Un long tailleur marron moulait son joli buste.
Un bracelet d'ambre gravé, de travail fruste
Enserrait son poignet. Sous un foulard à pois

Sa chevelure fauve éclairait son minois.
La jupe courte laissait entrevoir tout juste
Un genou rond gainé de soie. Grâce vénuste! . . .
Éclatante jeunesse! . . . »Il était une fois

La princesse la plus merveilleuse du monde.
Et sa marraine fut la superbe Esclarmonde . . .«
Ainsi me rappelais les contes de jadis

Et mon cœur de zazou flambait de joie sereine
Et je sautais, tendrement enlaçant ma reine
En projetant bien haut mes chaussettes rubis . . .

IV. ZAZOULIEBE

Auch wenn wir swing sind,
die Liebe kennen wir darum doch . . .
(X . . .)

Sie tanzt ganz federleicht in ihren Holzpantinen.
Ein braunes Herbstkostüm formt ihre schöne Brust.
Ein Bernsteinbracelet, graviertes Stück, robust,
Umschließt ihr Handgelenk. Ein Halstuch, rosmarinen,

Erhellt ihr wildes Haar, ihr niedliches Gesicht.
Es ließ ihr kurzer Rock gerade noch erblicken
Ein rundes Knie im Strumpf: ein Reizgeschöpf zum Ficken!
Berauschte Jugendzeit! »Es war einmal ein Licht,

Die zauberhafteste Prinzessin auf der Welt,
Und ihre Patin war ihr freundlich beigesellt.«
Seit früher Kinderzeit die Märchen mich verlocken.

Mein Herzblut als Zazou flammt auf aus heitrem Sinn:
Ich spring und ich umschling die schöne Königin
Und werfe in die Luft die feuerroten Socken.

V. ESQUIRE

. . . Je suis zazou, c'est là ma gloire
(X . . ., ancien enfant de chœur)

Les vieux ne savent plus l'attrait d'un magazine
Pour un jeune homme fait, de l'âge de vingt ans.
Naguère la Plus Belle, aux jardins de printemps,
Se laissa bien tenter par la pomme divine . . .

Ne savent plus comme il est doux d'avoir la mine
D'un héros de l'écran, de sortir par beau temps
Avec un parapluie, un petit col montant,
Les gants, un chapeau neuf; de rencontrer Corinne

Et Jacky, de s'asseoir dans un prochain Pam-Pam
En grillant d'ancien Virginie de l'Oncle Sam,
De se sentir pareil à la neuvième page

Du dernier numéro que Charley rapporta
– »Mais en fraude! . . . Ma chère! . . .« – à son dernier voyage
Et qui devint depuis notre Magna Charta . . .

V. ESQUIRE

> Ich bin Zazou, und darauf bin ich stolz ...
> *(X ..., ehemaliger Chorknabe)*

Die Alten kennen nicht den Reiz von Magazinen
Für einen jungen Mann, der zwanzig Jahre alt.
Es ließ die Schönste sich im grünen Frühlingswald
Von Gottes Apfel wohl ganz früher mal verführen.

Sie wissen nicht, wie's ist, sich's Aussehn zuzulegen
Als Leinwandheld, und auszugehn an schönen Tagen
Mit einem Regenschirm, mit hochgestelltem Kragen,
In Handschuhn und in Hut, Corinna zu begegnen

Und Jacky, und in einer Kneipe abzuschlaffen,
Um 'ne Virginia von Onkel Sam zu paffen
Und sich genauso fühlen wie die Seite acht

Des letzten Magazins, das Charley mitgebracht
(»Komm her zu mir, mein Schatz!«) von seiner letzten
Reise,
Das Magna Charta wird für unsre Lebensweise.

VI. RÉPONSE DU ZAZOU

Le cocotier? qu'est-ce que c'est?
(Cécile S . . .)

Oui, mais ces vieux débris qui nous raillent sans cesse,
Aux jours de leur splendeur en faisaient tout autant.
Il leur sied d'accabler notre cheveu flottant.
On se coiffait style »Jockey« dans leur jeunesse!

Il leur sied d'accabler notre aimable allégresse
Et nos danses rythmées sur un jazz éclatant.
Le cake-walk était-il donc plus excitant?
Ancêtres, soyez francs. Vous eûtes vos faiblesses.

Et le col dur de dix centimètres de haut?
On ne le portait point du temps de Brunehaut
Mais bien en mil neuf cent, mon prince, ou je m'abuse!

Vous protestez. Vous regrettez votre printemps.
Mais laissez donc pourrir vos carcasses percluses!
On est plus indulgent quand on a fait son temps.

À côté de cela, bien sûr, il y a des vieux très sympas, et des qui ont même la danse de Saint-Guy.

VI. ANTWORT DES ZAZOU

Die Kokospalme? Was ist das?
(Cécile S . . .)

Uns trifft der ganze Spott der alten Kreaturen.
Doch taten sie's wie wir in ihren besten Tagen.
Uns trifft ihr Hohn, nur weil wir lange Haare tragen.
In ihrer Jugend gabs die Jockeystil-Frisuren.

Uns trifft ihr Hohn, nur weil wirs wagen auszubrechen
Im Rhythmus unsrer Tanz- und unsrer Jazzvergnügen.
Hat denn der Cake-Walk dem was hinzuzufügen?
Seid ehrlich, alte Jungs, ihr hattet eure Schwächen.

Der steife Kragen stand zehn Zentimeter hoch.
Das war nicht zu der Zeit, als man uns einst erzog,
Doch neunzehnhundert schon, so wie es ausgemacht ist.

Ihr protestiert. Jedoch wegschwimmen eure Felle.
Laßt sie verfaulen nun, die hinkenden Gestelle.
Man drückt ein Auge zu, sobald die Zeit vollbracht ist.

Daneben gibt es natürlich auch sehr sympathische Alte und solche, die sogar den Veitstanz haben.

VII. LA PRAIRIE

. . . pour plaire à Dorio-Manitou,
la hache de guerre fut déterrée . . .
(Big Chief Ough-Amough Ough, Œuvres)

Or un zazou se promenait rue Gay-Lussac.
Il avait la joue rose et la moustache allègre,
C'était un vrai zazou: chapeau tête de nègre,
Souliers de daim, veste longue et pantalon-sac.

Or, muni de ciseaux, d'un couteau, d'un bissac,
Une sorte d'Indou, basané, sombre et maigre
Errait, cherchant fortune et son esprit intègre
Agité comme au gré d'un furieux ressac

Rêvait d'un scalp resplendissant de brillantine,
De bataille, de guerre . . . Et la rouge églantine
Était moins rouge, amis, que ne fut son regard . . .

Il y eut un grand cri. L'acier jeta sa flamme.
Crâne rasé, le zazou s'enfuyait hagard . . .
L'œil maintenant serein, l'autre essuyait sa lame . . .

VII. DIE WIESE

Um Dorio-Manitu zu gefallen,
wurde das Kriegsbeil ausgegraben . . .
(Oberhäuptling Ough-Amough Ough, Werke)

Nun, ein Zazou spaziert in der Rue Gay-Lussac,
Hat Wangen, rosarot, hat Lippenbart und Schopf.
Ein richtiger Zazou: Hut wie ein Negerkopf,
Wildlederschuhe und Sackhose, lange Jack'.

Nun, ein Indianer irrt, in ärmlicher Gewandung,
Gebräunt, getrübt, gehärmt, mit Messer und mit Schere
Umher, er sucht sein Glück und seine lautre Ehre,
Ist überdies erregt wie aufgewühlte Brandung.

Er träumt von einem Skalp, glänzend von Brillantine,
Er träumt von Schlacht, von Krieg; die rote Georgine
Ist nicht so rot, mein Freund, wie dieser Blick es war.

Ein lauter Schrei ertönt. Der Stahl wirft seine
Schwinge.
Der Schädel war rasiert. Verstört floh der Zazou.
Mit heitrem Auge wischt der andre seine Klinge.

VIII. MARCHÉ NOIR

> ... Ça ne fait de mal à personne,
> c'est toujours les mêmes stocks
> qui resservent ...
> *(X ..., inspecteur du*
> *ravitaillement)*

Monsieur Marcel s'assied devant le haut comptoir:
– »Alfred ... Un quart Vittel ... oui, comme
d'habitude ...« –
Alfred s'élance, et rapporte avec promptitude
Un Pernod bien tassé, du sucre et le crachoir.

Monsieur Marcel est beau. Sous un couvre-chef noir
Il a fort grande allure et sa noble attitude
Inspire un sentiment de pleine quiétude.
– »Alfred! ... Hier Monsieur René vint-il me voir?« ...

– »Non? C'est parfait. Donne-moi vite l'annuaire.« –
Son doigt suit la colonne et son regard s'éclaire.
Il va téléphoner: – »C'est toi René? D'accord,

»Viens les prendre tantôt.« – Puis regagne sa place.
Encor cinq cents louis qui rentrent sans effort.
Il boit, sourit, et redemande un peu de glace.

VIII. SCHWARZMARKT

Das tut niemandem weh,
es sind immer die gleichen Lager,
die geräumt werden.
(X . . ., Aufsichtsbeamter
des Wirtschaftsamtes)

Es setzt der Herr Marcel sich vor den hohen Tresen:
»Alfred, ein Glas Vittel, wie immer, wie gewöhnlich.«
Alfred stürzt los, er bringt sofort und höchstpersönlich
Ein Glas Pernod, randvoll, und ohne Federlesen.

Der Herr Marcel ist schön. Sein artiges Betragen
Unter dem schwarzen Hut, sein glänzendes Getue
Vermittelt ein Gefühl von absoluter Ruhe.
»Alfred, kam gestern Herr René, nach mir zu fragen? –

Nein? Wunderbar. Bring mir das Telefonbuch, schnell.«
Sein Finger folgt der Spalte. Sein Blick wird klar und hell.
Er nimmt den Hörer ab. »Bist du's, René? Ich weiß.

Hol sie dir nachher ab.« Er geht zurück. Kapiert?
Fünfhundert Piepen, die er mühelos kassiert.
Er trinkt, grinst und verlangt noch ein paar Stückchen Eis.

STARE

(SANSONNETS)

CHUTE DU DÉMON

Je le pistais depuis une heure,
Lui préparant un guet-apens.
Ha! j'allais rire à ses dépens.
Mais lui . . . Que j'aimerais qu'il pleure . . .

Dans une existence meilleure
Je l'enverrais, tout palpitant . . .
Il entre . . . Aussitôt, haletant,
Je l'empoigne comme il m'effleure . . .

Vil sansonnet! Oiseau maudit!
Ta fin s'approche cette nuit! . . .
– Déjà sa face était livide,

Et je ricanais comme un loup . . .
J'ouvris la fenêtre d'un coup
Et le projetai dans le vide . . .

STURZ DES DÄMONS

Ich lauerte seit einer Stund'
Auf ihn in einem Hinterhalt.
Bald hätt' ich ihn in der Gewalt.
Ich wollte, daß er weint, der Hund.

Ich schickte diesen Vagabund
In eine bessre Existenz.
Er kommt herein, voll Eloquenz,
Ich packe ihn am Kragen und:

Du Höllenstar! Verfluchtes Tier!
Dein Ende macht mir viel Pläsier!
– Schon war sein Antlitz leichenfahl,

Ich lachte höhnisch wie ein Fuchs.
Ich öffnete das Fenster schmal
Und stürzte ihn ins Leere flugs.

LE SANSONNET SYNTHÉTIQUE

L'oiseau blanc dont le vol fit renaître la vie
Planait, tenant au bec un rameau gris bleuté
Il trouva sur sa route un moucheron, porté
Par les ailes du vent, dont son âme ravie

Conçut de s'emparer l'irrésistible envie.
Hélas! Il en cuisit à sa frêle santé,
Car Lucifer le noir à l'esprit avorté
Saisit l'instant fatal où la bête dévie

De sa route, pour l'attraper par les deux pattes.
Il lui plonge la tête en un bain d'écarlate,
Lui arrache la queue, lui met un mentonnet,

Tache son bec de vert et de jaune ses lombes.
Dieu! Tu avais créé l'immaculée colombe
Satan, dans son audace, en fit un sansonnet[1] . . .

[1] Description zoologique empruntée à Buffon.

DER SYNTHETISCHE STAR

Der weiße Vogel, der das Leben neu verhieß,
In seinem Schnabel hielt ’nen bläulich-grauen Zweig.
Auf seinem Weg ’ne Fliege war ihm Fingerzeig,
Getragen wurde sie vom Wind ins Paradies.

Zugleich faßt er ’nen Plan, der wirklich ziemlich fies,
Zu packen sich die Mück’, die er so gern verspeist’.
Doch Luzifer, der Tropf mit dem mißlungnen Geist,
Nutzte den Augenblick, als unser Star verließ

Den eingeschlagnen Weg und schnappte ihn am Bein.
Er tauchte seinen Kopf in roten Widerschein,
Reißt ihm das Schwänzlein aus, legt ihm ein Kinnband an,

Befleckt den Schnabel ihm mit grün, mit gelb die Lend’.
Du schufst die Taube, Gott, und schufst den weißen Hahn.
Satan erschuf den Star, der seitdem insolent.[1]

[1] Bei Buffon entliehene zoologische Beschreibung.

QUI?

Qui peut aimer le sansonnet?
C'est un oiseau sans politesse;
Il a malgré sa petitesse
La binette près du bonnet

Là, perché sur son bâtonnet,
Il ne dit rien. Bête traîtresse
Il se défile avec adresse
S'il manque une rime au sonnet

Il a l'âme démoniaque
Et des odeurs d'ammoniaque
S'échappent de sous ses pieds.

Jamais ne veut se rendre utile
Ainsi qu'à chaque volatile
En toute occurrence il sied . . .

Et Dieu jeta ses yeux sur cet oiseau et trouva qu'il avait une sale gueule . . .
(St Jérôme IV 5. 39)

WER?

Wer, frag ich, liebt schon einen Star?
Ihm fehlt so ganz die Höflichkeit,
Er artet aus in Kleinlichkeit.
Er braust gern auf, ist unscheinbar.

Auf seiner Stang' er stets krakeelt,
Ansonsten stellt er sich oft taub
Und macht geschickt sich aus dem Staub,
Wenn im Sonett ein Reimwort fehlt.

Sehr teuflisch seine Seele ist,
Geruch nach Ammoniak und Mist
Ihn ganz und gar umrankt.

Sich nützlich machen will er nie
So wie das andre Federvieh,
Sobald der Umstand es verlangt.

Und Gott warf einen Blick
auf diesen Vogel und er
fand, daß er eine gemeine
Fresse hatte . . .
(Hieronymus IV. 5,39)

L'ANTÉCHRIST

On me dit: »Cet oiseau, vous l'attaquez sans trêve
Vous le peignez sous un jour dénué d'attrait
Que feriez-vous donc si l'›affreux sansonnet‹
N'existait pas?« Et je réponds: »C'est un beau rêve.«

On me dit: »Cet oiseau, vous souhaitiez qu'il crève
Que feriez-vous donc si le pauvre en crevait?
Le remords nuit et jour qui vous tourmenterait
Ne gâcherait-il point une vie déjà brève?«

Et je réponds: »Ciel! je voudrais le voir pendu!
Il est l'œuf répugnant que mon crâne a pondu;
Il sue la haine jaune, et sa forme maudite

Au jour du Dernier Jour restera sans changer
Car Dieu dont l'âme pure[1] est parfois interdite
Voyant le sansonnet, n'osera le juger.«

[1] Dieu, c'est moi (voir plus loin l'Évangile selon cinq sonnets).

DER ANTICHRIST

Man sagt zu mir: »Du siehst den Vogel dort im Baum.
Beschreib ihn wirklich so, daß böse er erscheint.
Was tätest du, gäbs nicht den Star noch sonst nen Feind?«
Ich geb' zur Antwort nur: »Das wär' ein schöner Traum«.

Man sagt zu mir: »Du willst, daß es verreckt, das Tier.
Was würdest du denn tun, wenn man es umgebracht?
Gewissensbisse, ja, die hättst du Tag und Nacht,
Wär' nicht dein Leben hin, das so schon kurz scheint dir?«

Doch meine Antwort ist: »Ich will es hängen sehn!«
Es ist das Ei aus meinem Kopf, das voll Arsen
Ausschwitzt es gelben Haß, seine verfluchte Form

Wird noch am letzten Tag so bleiben wie es ist,
Denn Gott, die reine Seel'[1] fände es schon abnorm,
Tät' man dem Star was tun, er hätte ihn vermißt.

[1] Gott bin ich (siehe weiter hinten das »Evangelium nach den fünf Sonetten«).

CAUCHEMAR

Seul . . . Terré dans l'ombre[1] pâle . . .
Et l'animal odieux
Volait tout près de mes yeux,
Soufflant son chant comme un râle . . .

De lointaines chrysocales
Dansaient au fond des cieux
Et le sansonnet vicieux
Piquait mes orbites sales

Je hurlais à la nuit morne
Mais le vide fut sans borne
Et l'œil de Dieu resta sec . . .

Alors, la volaille horrible,
Prenant mon thorax pour cible,
Creva mon cœur de son bec . . .

[1] Ce que l'on appelle: terre d'ombre.

ALPTRAUM

Allein, im Schatten hausend[1],
Flog einst das wüste Tier
Ganz dicht vorbei an mir,
Sein Lied als Röcheln hauchend.

Und ferne Chrysokalke
Tanzten im Himmelsgrund,
Der Star, ein Lasterhund,
Hackt mir ins Aug' als Falke.

Ich heulte in die Nacht
Vielleicht zu unbedacht,
Doch Gottes Aug' blieb trocken.

Dann hackte dieses Vieh
– Und packt mich am Chassis –
Ins Herz mir unerschrocken.

[1] Das, was man ein Schattenhaus nennt.

ORIGINES

C'était l'été . . . Dalila devant sa coiffeuse
Peignait ses lourds cheveux. L'ivoire luisait
La masse fauve et que l'air sec électrisait
Tombait sur son épaule en draperie soyeuse . . .

D'un flacon de cristal, l'habile ensorceleuse
Répandit sur ses seins ce parfum qui grisait . . .
Au contact de la peau se volatilisait
L'odeur lourde des lis et de la tubéreuse . . .

Et son amant rentra. De la sentir si belle
Il bondit, fou d'amour, et se rua sur elle
Cédant à son désir, Dalila se donnait . . .

Or il vint que neuf mois après cette aventure
– Ce délai semble nécessaire à la nature –
Naquit, en ce temps-là, le premier sansonnet . . .

URSPRÜNGE

Im Sommer wars. Dalila vor dem Spiegel saß,
Sie kämmt ihr schweres Haar. Das Elfenbein, es
glänzte,
Die wilde Masse, die die trockne Luft umgrenzte,
Fiel auf die Schulter ihr als Seide, und ganz blaß.

Die Zauberin, sie goß aus dem kristall'nen Fläschchen
Auf ihre Brüste das berauschende Parfüm.
Berührst du nun die Haut, vergeht dir fast der Sinn,
So schwer ist der Geruch nach Lilien und nach Röschen.

Ihr Liebhaber trat ein. Als er sie roch so schön,
Stürzt er sich auf sie drauf und glaubte zu vergehn.
Da ihre Lust so stark, gab sich Dalila hin.

Auf diese Liebesnacht folgt neun Monate drauf,
– Solange braucht's, bis die Natur nimmt ihren Lauf –
Des ersten Stars Geburt, sie sah es als Gewinn.

NAISSANCES

Il naît aussi des sansonnets immondes
Alentour des fosses d'aisance pleines;
Il en naît sur les morts, sur les gangrènes
Comme sur tout ce qui pourrit au monde.

Partout les vers, en la machine ronde,
Éclosent en sansonnets très obscènes
Et chaque jour, il en vient à la Seine
Par les égouts, dans l'eau nausèabonde.

Nul ne les voit. Sourdement cela grouille.
Comme le fer lépreux meurt sous la rouille
Le globe entier s'en va rongé par eux.

S'il vient qu'un soir un sansonnet me tue,
Ne jetez pas mon cadavre à la rue
Détruisez-moi, je serai plus heureux . . .

GEBURTEN

Geboren werden auch ganz widerliche Stare
Um Scheißhausgruben rum, die stinken wie Hyänen;
Geboren werden sie auf Toten, auf Gangränen,
Auf allem, was da fault, sogar noch auf der Bahre.

Aus Würmern überall auf diesem Erdenrund
Schlüpfen nur Stare aus, das ist ja das Obszöne.
Es kommen Tag für Tag selbst welche aus der Seine
Durch die Kloaken durch, die stinkend und profund.

Man sieht sie nie, doch heimlich wimmeln sie umher.
Wie Rost am Eisen frißt, das plötzlich hohl und leer,
Zernagen sie die Erd', bis sie zusammenfällt.

Wenn eines Abends mich ein Star ganz einfach killt:
Verziert mit meiner Leiche nicht das Straßenbild,
Zerstört mich lieber gleich, daß Gott es euch vergelt'!

MORT DU ROMANCIER[1]

Levé de bon matin, le sansonnet grincheux
Buvait le sang du ciel dans le cristal de l'aube
Et déjeunait de quelque vermicule en daube.
Passèrent près de lui deux passants matineux,

Qui devisaient sans prendre garde à lui près d'eux
»Oui«, disait l'un, »Roi de Paris déjà je gobe
Mais le Maître de Forge (ici point ne te daube)
À mon avis, c'est ce que tu as fait de mieux.«

– »Non, répond l'autre; c'est mon plus mauvais ouvrage
À le voir louangé sans cesse, ami, j'enrage.«
– »Allons! Sois sérieux! Tu perds le sens, Ohnet!«

Mais l'oiseau diabolique alors montre sa tête
– »Je ne suis pas perdu«, dit-il. Georges s'arrête
Et meurt d'effroi, reconnaissant un sansonnet.

[1] Seule version exacte.

TOD DES ROMANCIERS[1]

Frühmorgens stand er auf, trank mürrisch, unser Star,
Das Blut des Himmels im Kristall vom Morgenrot,
Frühstückte einen Wurm geschmort, nachdem der tot.
Zwei Mann kamen vorbei, die sprachen immerdar.

Erzählten dies und das, auf ihn gab keiner Acht.
»Den König von Paris, den spielst du ja schon toll,
Doch ist Der Hüttenherr (ich sag das achtungsvoll)
Das Beste zweifellos, was du jemals gemacht.«

»Nein«, sagt der andere, »es ist so furchtbar mies,
Wenn ihr mich darob lobt, find' ich das wirklich fies.«
»Nicht doch! Sei seriös! Bleib bei Verstand, Ostar!«

Darauf zeigt seinen Kopf der unverschämte Wicht.
»Das bleib ich«, sagt er nur. Ohnet zusammenbricht.
Er stirbt sofort vor Schreck, erkannt hat er den Star.

[1] Einzige richtige Fassung.

CHANGE

O! Vérité vénuste! un soir tu m'aveuglais
Des feux qu'irradiait ta splendeur sans pareille . . .
– »Tant que l'oiseau vivra«, me dis-tu dans l'oreille
»Les Indes resteront au pouvoir des Anglais . . .«

– »Pourquoi donc?« m'étonnai-je. »Explique, s'il te plaît!«
– »Cherche!« Et son corps fondit. Une gloire vermeille
Apparut; je restais, devant cette merveille
Stupéfait, et plongé dans un trouble complet . . .

Le temps passa sans m'apporter sur l'union
Qui marie les destins de l'Inde et d'Albion
Le moindre enseignement. Je posai le problème:

Communauté d'esprit? de race? d'intérêt?
. . . Et la lumière fut[1] – la simplicité même:
LIVRE STARLING – ROUPIE DE SANSONNET[2]

[1] Dieu, Œuvres complètes (Calmann-Lévy éditeur).
[2] Ajoutons pour les innocents, que starling veut dire sansonnet (en anglais, naturellement).

WECHSEL

O Wahrheit, venusgleich! Du hast geblendet mich
Mit allen Feuern, die dein Glanz hervorgebracht.
»Solang der Vogel lebt«, hast du mir dann gesagt,
»Bleibt Indien in der Macht der Briten jämmerlich.«

»Warum?« erstaunt ich mich. »Erklär mir bitte das!«
»Such!« Und sein Leib schmolz hin. Ein Glorienschein, ganz rot,
Darauf vor mir erschien, ein Wunder sich mir bot.
Ich war verwirrt, verblüfft und dies ohn' Unterlaß.

Die Zeit verging, doch fand ich nimmermehr heraus,
Durch welches Schicksalsband in Albions großem Haus
Sich Indien fesseln ließ. Ich stellte mir die Frage:

Gemeinsamkeit des Geists? Der Rasse oder Lage?
Doch siehe: Es ward Licht[1] – und mir war plötzlich klar:
Der Livre Starling hier- und Starrupie da[2].

[1] Gott, Gesammelte Werke (vermutlich bei Herder).
[2] Fügen wir für die Einfältigen hinzu, daß Starling (auf englisch natürlich) Star heißt.

LEGENDE VOM STAR UND VOM STARMATZ ORNITHOLOGISCHE UND ÜBERZEUGENDE ALLEGORIE

(LÉGENDE DU SANSONNET ET DE L'ESTOURNEAU ALLÉGORIE ORNITHOLOGIQUE ET CONVAINCANTE)

I

Plat, tel la tarte sans sa crème,
Sec, vache vidée de son lait,
Naquit un certain sansonnet
Au museau triste de carême.

En la sombre ville de Brême
Il étudia le flageolet
Et lança d'aigres triolets
En répandant terreur extrême.

Et l'on se disait à le voir
– »D'où vient-il? De l'abîme noir
Où, dans une vapeur torride,

Rôtissent les pauvres damnés?«
Et lui, lœil fixé sur du vide,
Ignorait les gens étonnés . . .

La suite au prochain numéro.

I

Flach, wie die Torte ohne Krem,
Dürr, wie die Kuh, die unfruchtbar,
Kam auf die Welt einmal ein Star,
In seiner Fresse ein Ekzem.

In dieser düstren Stadt von Bremen
Erlernte er das Flageolett,
Er übte wüst auf dem Spinett,
Ihm fehlte jegliches Benehmen.

Und sah man ihn, man fragte sich:
»Wo kommt er her, der Wüterich?
Wohl aus der Hölle heißem Dampf,

Wo die Verdammten müssen braten?«
Doch er empfindet das als Krampf
Und läßt die Leute warten.

Fortsetzung in der nächsten Nummer.

II

Mais Dieu, dont l'indulgence est grande
Aux vils pêcheurs de tous les temps,
Après l'hiver, fait le printemps[1] . . .
Il vint au monde, à Samarcande,

Fils d'un nègre et d'une limande
Un étourneau très compétent,
Au cœur immense et palpitant.
Et les autels fumaient d'offrandes . . .

Car, dans un rush impatient,
Le peuple, vaguement conscient
De sa chance, emplissait le temple.

Au tour du berceau rose et bleu,
La foule défile et contemple,
Tout émue, l'étourneau de Dieu.

[1] Vers rédigé en collaboration avec l'O. N. M.

II

Doch Gott, nachsichtig und kulant
Zu bösen Sündern aller Zeiten,
Macht Winter, Frühling und Gezeiten[1].
Es kam zur Welt in Samarkand,

Sohn eines Negers und ner Schnecke
Ein Starmatz, wirklich kompetent,
Mit großem Herzen, höchst behend.
Auf dem Altar stieg Rauch zur Decke.

Denn dunkel seines Glücks bewußt,
Erfüllt mit Freude in der Brust
Das Volk den Tempel ebenda,

Und um die Wiege rund herum
Zog nun die Menge und besah
Gerührt sich Gottes Starmatz, stumm.

[1] Ein Vers, der in Zusammenarbeit mit dem O. N. M. (Office nationale maritime = Nationales Seeamt) geschrieben worden ist.

III

Le sansonnet, dans ce temps-là
Grandissait en force et traîtrise.
Dans son œil, une flamme grise
Parfois s'allumait – Attila,

Quand au carnage il s'en alla
Eut ce regard – Un jour de crise,
Son flageolet peupla la brise
De grands cris, puis il s'envola[1].

Et l'air, au bruit de ses deux ailes,
Frémissait. Les douces gazelles
S'abritaient dans le bois obscur.

L'escargot repliait sa corne[2],
Tout se cachait. Pensif et morne
Planait le volatile impur . . .

Mais où c'est qu'i va, la rosse?

[1] Lui, pas le flageolet.

[2] La droite. Il avait abîmé l'autre en regardant dans un trou de serrure, de celles où la clé a un trou aussi.

III

Der Star, in jener fernen Zeit,
Wuchs kräftig und verräterisch,
In seinem Aug' so mörderisch
Flammts manchmal auf, als sucht' er Streit.

Attila, wenns zum Blutbad ging,
Hatt' diesen Blick. Am Tag der Krise
Flog unser Star in einer Brise,
An seinem Beine war ein Ring.

Es zitterte die Luft beim Fliegen,
Und auf der Alm die zarten Ziegen
Suchten im dunklen Walde Schutz.

Die Schnecke zog den Fühler[1] ein,
Alles versteckte sich. Allein
Schwebte dahin der Nichtsenutz.

Doch wo flog er hin, der Schweinehund?

[1] Den rechten. Den anderen hatte sie sich ramponiert, als sie durch ein Schlüsselloch schaute, eines von denen, wo der Schlüssel ebenfalls ein Loch hat.

I V

Or, l'étourneau se perfectionnait en sagesse.
Il savait Confucius et la vie des yogas,
Le Shintô, Mohammed, et les Saints Agrégats
Qui concentrent en eux tant de lourde richesse.

Il guérissait les morts, soulageait la détresse,
Et rendait la justice au pied d'un seringa.
Le vol de l'oiseau-mouche et du bécabunga
Cernaient sa tête d'or d'un nimbe de tendresse.

On l'entourait d'amour, et les petits enfants
Le suivaient dans la rue de leurs pieds trébuchants.
Sous ses pas fleurissaient le lis et le jasmin.

Son regard rayonnait de la douceur divine
Et la rose nacrée qu'il tenait à la main
Restait rose nacrée,mais perdait ses épines . . .

La naïve fraîcheur du dernier vers évoque en principe Sainte-Thérèse de l'Enfant-Jésus et l'innocent de Fouilly-les-Zouaves.

IV

Der Starmatz Kenntnis sucht und Weisheit ebenso.
Er kennt Konfuzius und aller Yogas Leben,
Den Heil'gen gleich zu sein war fürderhin sein Streben,
Für sie entbrannte er schon bald ganz lichterloh.

Er weckte Tote auf und linderte die Not,
Sprach Recht am Pfeifenstrauch, träumte von
Golgatha,
Der Flug des Kolibri und des Bekabunga
Umkreiste seinen Kopf von Zärtlichkeit ganz rot.

Mit Lieb' umgab man ihn, und selbst die kleinen
Kinder,
Sie liefen hinterher, im Sommer wie im Winter.
Und unter seinem Schritt erblüht es fulminant.

Sein Blick war göttlich sanft wie einstmals der der
Nornen,
Selbst die perlmutt'ne Ros in seiner rechten Hand
Blieb zwar perlmutt'ne Ros, verlor jedoch die Dornen.

Die naive Frische des letzten Verses beschwört im Prinzip die Heilige Therese vom Jesuskind und den Einfältigen von Hintertupfingen.

V

Le sombre sansonnet s'abattit sur la ville
Et le soleil soudain se trouvait obscurci.
L'épouvante frappait jusqu'au plus endurci,
Et partout le Malin mettait sa marque vile . . .

Nul n'osait le braver. Sous son arbre, immobile,
Comme la foule au temple allait criant merci
L'étourneau restait seul. À l'horizon noirci,
Les anges éplorés tendaient leurs bras débiles.

Le sansonnet parut dans un fracas de foudre
Et tenta vainement de le réduire en poudre.
L'étourneau se battait. Dans un sursaut vainqueur,

Il lui perça soudain le thorax de sa lame,
Et puis mourut – tandis que l'autre rendait l'âme –
Car il s'était plongé son poignard dans le cœur[1] . . .

La confusion qui semble résulter de l'entrecroisement des pronoms dont cette brève explication a nécessité l'usage trouve son explication naturelle dans la note[1], extraite d'un ouvrage bien connu, la Larousse Universel.

[1] Sansonnet (so-nè) n. m. Nom vulgaire de l'étourneau.

V

Der düstre Star, er stieß jäh auf die Stadt herab,
Und finster war darauf die Sonne ganz total.
Vor Schrecken wurde selbst der Härteste noch fahl,
Sein Zeichen brachte an der Böse mit Geklapp.

Und niemand, der ihm trotzt. Starr unter seinem Baum
–Zum Tempel zog das Volk, macht gegen ihn dort Front–
Saß Starmatz ganz allein. Am dunklen Horizont
Streckte die Engelschar die Ärmchen in den Raum.

Der Star taucht plötzlich auf mit einem Donnerschlag,
Ans Leben will er ihm, obwohl ers nicht vermag.
Der Starmatz schlägt zurück. Mit ganz entschied'ner Kraft

Durchbohrt er mit der Kling' ihm mitleidlos die Brust
Und starb – dieweil der Star den Geist aufgeben mußt –
Er nämlich stieß den Dolch ins Herz sich bis zum Schaft.[1]

Die Verwirrung, die sich aus der Überschneidung der Pronomen und der Namen zu ergeben scheint und die diese kurze Erklärung überhaupt notwendig macht, findet ihre natürliche Erklärung in der Anmerkung[1], entnommen dem sehr bekannten Larousse Universelle.

[1] Sansonnet (so-né) n.m. Gewöhnlicher Name des étourneau. Zu deutsch also: Star und Starmatz, familiärer Ausdruck für den gezähmten Star als Käfigvogel.

AUF MARKEN

(EN CARTES)

AU FAIT

À mon camarade Victor Le Renard
qui fait du caoutchouc avec du latex
(c'est marrant).

En partant du pétrole, on a du caoutchouc
Avec du caoutchouc, d'autres font de l'essence
En extrayant du roudoudou la quintessence
Un habile chercheur obtient à peu près tout

Le poisson? c'est du veau. Le vin? c'est du saindoux
La grenouille? Un tissu. Le bois? de la faïence
Plus besoin de planter du blé. En cas d'urgence
On peut le remplacer par du zinc et des clous

»À force d'inventer, chaque jour l'homme atteint
À de grands résultats qui reculent au loin
Les bornes du savoir.« On dit ça d'habitude . . .

Ne nous vantons pas trop de nos piteux efforts
Un ersatz nous échappe en dépit des études:
Il nous faut des vivants pour fabriquer des morts.

ZUR SACHE

Für meinen Kameraden Victor Le Renard,
der aus Latex Gummi macht
(das ist furchtbar lustig).

Man geht vom Erdöl aus, woraus man Gummi macht,
Und aus dem Gummi dann macht Hinz und Kunz
Benzin,
Indem sie aus dem Teig die Quintessenzen ziehn,
Ein Kinderspiel für sie, das wäre doch gelacht.

Der Fisch? Ist nichts als Kalb. Der Wein? Ist
Schweineschmalz.
Der Frosch? Gewebe nur. Das Holz? Ist Porzellan.
Wozu pflanzt man noch Korn? Bin doch kein Blödian,
Durch Zink ersetzt man es, durch Nägel allenfalls.

»Weil er erfindet stets, erreicht der Mensch schon bald
Zu seinem Nutz und Fromm' die große Allgewalt
Und Wissen unerhört.« Gemeinhin sagt man so.

Doch Schluß mit dem Geprahl', es ist doch nichts als
Bellen.
Für eins gibts kein Ersatz, nicht hier noch anderswo:
Wir brauchen Lebende, um Tote herzustellen.

LEURRE EXQUIS . . .

Or, tout était truqué. Du plâtre en la farine
Dans le sel, de la terre, et, dans le pain, de tout.
Du poison dans le vin, puis, pour couper la toux
Des pastilles de miel en pure saccharine.

De vieux pneus en lambeaux tassés dans des terrines
Deviennent tripes. Mais les restaurants surtout
Avec des bas morceaux font des plats de haut goût
Dont le prix approche le goût, on le devine.

Seul de tous, mon boucher garde l'honnêteté
D'offrir, sur un étal galamment apprêté,
De vraie viande. J'y cours, je souris à sa bonne,

Donne mes cartes, en lorgnant son frais minois,
Et le traître remplit – que Satan lui pardonne –
Mon sac de fausse côte et de gîte à la noix . . .

KÖSTLICHER KÖDER ...

Nun, alles war verfälscht. Das Mehl vermischt mit Gips,
Im Salz fand Erde man, im Brot mal dies, mal das.
Im Wein gabs reichlich Gift, Husten macht keinen Spaß,
Statt Honig gabs dafür Süßstoff und keinen Schwips.

'nen alten Autoreif', in Schüsseln reingestampft,
Preist man als Kuddeln an. Die Restaurants zumal
Machen aus schlechtem Fleisch ein Essen genial.
So ist dann auch der Preis,nachdem man das gemampft.

Mein Metzger ganz allein bewahrt die Ehrlichkeit,
Serviert auf seinem Tisch, die Kundschaft weiß
Bescheid,
Ein Fleisch, das echt noch ist. Ich gehe rein und lächle,

Leg meine Marken hin, schau frei ihm ins Gesicht,
Mit falschem Hase füllt – der Satan hol sein Sächle –
Die Einkaufstasche mir der unverschämte Wicht.

ÉLÉGANCE

Me promenant sur les grands boulevards,
Je m'arrêtai devant une cravate
Verte et saumon, dont la nuance mate
S'accorderait avec mon doux regard.

J'entrai, voulant l'acheter sans retard,
Et le vendeur à face de tomate
M'examina de l'œil dont un primate
Eut contemplé Roger Martin du Gard.

– Que voulez-vous? me dit-il aussitôt,
Une chemise? ou ce chandail plutôt?
– Je veux, monsieur, cette cravate seule.

– Deux points, alors, vous me ferez plaisir!
Lors, je lui mis mes deux poings sur la gueule
Et j'emportai l'objet de mon désir.

Et voilà comment qu'on nous élevait, de mon temps.

ELEGANZ

Einst ging ich über die Boulevards,
Blieb dort vor 'ner Krawatte stehn,
Die war ganz grün und glanzlos schön,
Sie paßt zu meinem Blick, das wars.

Ich ging hinein, wollt' sie erstehn,
Es glotzt erstaunt mich an ein Laffe
Mit Augen so, als hätt' ein Affe
Nach Roger Martin du Gard gesehn.

»Was wollen Sie?« sagt er zu mir.
»Ein Hemd? Vielleicht den Pulli hier?«
»Ich will, mein Herr, nur die Krawatte.«

»Zwei Punkte sinds, um die ich bitt'!«
Ich punkte ihn gleich auf die Matte
Und nehme meine Ware mit.

So hat man uns zu meiner Zeit erzogen.

CHANT DES PLUS DE VINGT ANS

Oui, nous avons perdu la guerre, mes enfants!
Mais c'est bien votre faute! Il vous fallait nous dire
Que nous risquions en nous battant d'aller au pire.
Comment l'eussions-nous su? En buvant et bouffant?

À peine avons-nous pu prendre en main l'olifant
Pour sonner la déroute et lâcher notre empire.
Mais vous vous contentiez d'étudier et de lire!
Hé! C'est facile alors d'arriver, triomphants,

Et de nous accuser de l'injuste défaite.
Mais non. Soyez gentils. Votre jeunesse faite
Est d'âge à travailler. Fuyez le caboulot.

Soyez des gars trapus; montrez votre courage,
Refaites notre France, et du cœur au boulot!
– Et puis nous refoutrons par terre votre ouvrage . . .

LIED DER ÜBER ZWANZIGJÄHRIGEN

O ja, wir haben ihn, den Krieg mein ich, verloren!
Doch das ist eure Schuld! Ihr habt es doch gewußt,
Daß kämpfen Wahnsinn ist und keine Liebeslust.
Wir habens nie gewußt! Uns kam das nie zu Ohren!

Wir hatten kaum die Zeit, das Horn zur Hand zu nehmen,
Zu wilder Flucht zu blas'n und darauf ab mit Spesen,
Doch ihr begnügtet euch mit Pauken und mit Lesen,
Da ists natürlich leicht, uns einfach zu verfemen.

Uns anzuklagen drauf der bittren Niederlage.
Nein, nein. Seid lieber nett. Der Sieg ist nicht die Frage.
Die Jugend schafft mit Lust. Flieht ihr erst die Kaschemmen,

Seid flinke starke Jungs und zeigt mal euren Mut,
Baut Frankreich wieder auf, laßt euch dabei nicht hemmen!
Und danach kommen wir, und schlagen es kaputt.

PASSAGE DE TABAC

Donc, j'avais rendez-vous avec un pseudo-comte
Dans un café truqué, pour vendre au plus haut prix
Du tabac fait de foin. Je ne serais pas pris,
Car deux faux policiers, qui me devaient des comptes

Allaient intervenir au bon moment. L'acompte
M'était déjà versé, mais les billets remis
Manquaient de filigrane, aussi j'avais compris
Que dans »herbe à Nicot«, herbe est le mot qui compte.

J'arrive. Je remets le paquet au client.
– »Donnez l'argent, lui dis-je, et pas de faux-fuyant.«
Il rit, sort de sa poche un bracelet d'acier,

Puis me le met aux mains, et m'emmène, et me raille
Chez un vrai commissaire, insolent, grossier,
Qui me dit »Voyez-vous, c'est mon homme de paille!«

VERTOBAKEN

Ich hatte einen Treff mit einem Pseudo-Graf
In einer falschen Bar, zum Höchstpreis zu verkloppen,
Tabak aus Heu gemacht. Man würde mich nicht schnappen,
Weil falsche Polizei, die Geld mir schuldig war,

Im richt'gen Augenblick dazwischen kommen tät'.
Den Vorschuß hatt' ich schon, die Scheine waren Blüten,
Man wollte mir damit die Waren scheint's vergüten,
Und daher war auch Gras das einzige, was zählt.

Ich komme also an. Er nimmt das Grasgegrus.
»Gib her das Geld«, sag ich, »und mach mir keinen Schmus.«
Er lacht, holt aus dem Sack ein Armband, das aus Stahl.

Legt es mir um die Hand, führt mich mit Halali
Zu einem Kommissar, der echt war und brutal,
Der sagte dann zu mir: »Mein Strohmann, wissen Sie!«

ENCORE DES ERSATZ

Sous son béret de paille synthétique
De la couleur de sa robe de bois,
Elle était belle et me glissait parfois
Un doux regard, me trouvant sympathique.

De ses souliers, la matière plastique
Formait l'assise, et la peau de putois
Imitait bien le daim dont autrefois
L'on fit les gants – usage hélas antique –.

Je la connus le soir bibliquement
Et les produits dits »de remplacement«
Mirent sur moi leur empreinte exécrable,

Car d'un amour tout artificiel,
Je récoltai – me bénisse le ciel –
Une vérole authentique et durable . . .

NICHTS ALS ERSATZ

Das Stroh an ihrem Hut, es war synthetisch
Und farblich gleich mit ihrem Kleid aus Holz.
Sie war sehr schön und wirkte gar nicht stolz,
Warf einen Blick mir zu, fand mich sympathisch.

Die Schuhe waren teils aus Plastik auch,
Die Iltishaut sah aus wie Damhirschleder,
Aus dem einst Handschuh' machen ließ der Reeder,
Ein heute leider längst vergeß'ner Brauch.

Am Abend hab' ich biblisch sie erkannt,
Doch der »Ersatz«, wie sonst, genannte Schmand
Bescherte mir 'ne Hinterlassenschaft.

Von einer Liebe, die so völlig künstlich,
Bekam ich bald – der Himmel segne mich –
'ne Syphilis, die echt und dauerhaft.

ALBERNE TÖRTCHEN
(TARTELETTES ANODINES)

SIMPLE HISTOIRE DE BÈGUE

Un brave homme de bègue, assez cu-cultivé,
Vivait de son ja-jardinet plein de fleurettes,
Plein de ca-calme et de repos, de violettes
Et de pi-pissenlits. Rien ne fut arrivé

S'il n'eût été go-goberger au pied levé
Sa cousine Julie, fille fort coqué-quette,
L'emmené-ner aux champs, pour faire la dînette,
Sur son baudet qui ruait sur les pa-pavés.

Mais, dans les roseau-seaux, Pan vint se promener.
En le voyant-y-ant, lâne brait. Étonné:
– Pan-Pan! fait notre bègue et le dieu tombe mort.

Le pauvre devint fou. Fou plus que lui n'y a.
Tous les matins dans sa cami-misole il sort,
Donner un biberon à ses bé-bégonias . . .

SCHLICHTE STOTTERERGESCHICHTE

Ein braver Stottermann, bedingt ku-kultiviert,
In seinem Garten lebt, der vo-voll Blumen war,
Voll Stille und Ruh-Ruh, es war gar wunderbar,
Lö-Löwenzahn gabs auch. Es wäre nichts passiert,

Hätt' er nicht auf der Stell' Ju-Julchen anvisiert.
Das war die Ku-Kusin', ein Mädchen sehr kokett.
Er fuhr mit ihr aufs Land und griff ihr ins Korsett
Auf seinem Mau-Maultier, wo's Pflaster malträtiert.

Ins Schi-Schilfrohr nun kam Gott Pan, sich zu ergehn.
Als er ihn do-dort sah, der Esel schrie für zehn.
»Pang Pang!« macht Stottermann, der Gott fällt
maustot um.

Der Ärmste wird verrückt. Man stellt sich das nicht
vor.
In seiner Zwangsja-jack gibt im Delirium
Den Rosen am Sto-Stock die Flasche dieser Tor.

VERT MALACHITE NE PROFITE JAMAIS

La femme de Caïn déjà prenait le deuil
Car l'assassin venait de descendre en la terre.
Alors, je priai Dieu d'arrêter sa colère
Et Dieu hocha la tête et répondit: – Mon œil!

Lebel était couché tout raide en son cercueil.
– Que te reste de ton fusil au cimetière?
Lui dis-je, et quelle fut ta fortune entière?
– Peau de balle, brave homme, et pas un sou
d'orgueil . . .

Un cheminot passa. – Quand la douleur t'égare,
Où te réfugies-tu? lui criai-je. – À la gare!
Telle fut sa réponse, et parmi les halliers,

Je courus comme un fou, interrogeant un arbre:
– Que feras-tu pour moi? Ne reste pas de marbre!
– Des nèfles! Ô stupeur!« C'était un peuplier . . .

MALACHITGRÜN GEDEIHET NICHT

Bereits die Frau des Kain zog Trauerkleidung an,
Der Mörder nämlich war im Grab unter der Erd'.
Ich hab' ob seines Zorns bei Gott mich selbst
beschwert,
Der schüttelte den Kopf und sagte: »Er mich kann!«

Lebel lag völlig tot und steif in seinem Sarg.
»Wozu nun dein Gewehr, von hier gibts kein Zurück?«
Sag freundlich ich zu ihm, »und welches war dein
Glück?«
»Hundsfotzen, braver Mann, und keinen Groschen
Arg.«

Ein Bahnbeamter kam. »Wenn Schmerz dich packt
zuhauf,
Wo gehst du hin?« rief ich. »Zum Bahnhof ich dann
lauf!«
War seine Antwort schlicht. Und in dem Erdenraum

Fragte ein Bäumchen ich in meiner Seelenpein:
»Was wirst du für mich tun? Nun sei mal nicht aus
Stein!«
»Ein Rütchen, wenn du willst!« Es war ein
Birkenbaum.

ART POÉTIQUE

L'impair est bon, le pair aussi. Règle rigide.
Choisissez votre vers comme fait le pêcheur
La mouche avec laquelle il tente, raccrocheur,
La brême fugitive à la mâchoire avide.

Rejetez le vers blanc. Foin des couleurs livides.
Recherchez quand il faut la grâce et la fraîcheur,
Ailleurs, n'en mettez point. Ne soyez rabâcheur,
Et tâchez à lâcher les formes insipides.

Enfin, sus au vers libre. Il ne vaut pas un clou.
Son inventeur enfla, dit-on, puis devint fou.
Je suis sûr que c'est vrai[1]. Aimez le badinage

Ou les graves sujets, mais fuyez le pompier.
Vingt fois sur le métier remettez votre ouvrage.
– Hé! C'est facile à dire! on n'a plus de papier!

[1] C'est pas vrai.

ARS POETICA

Die G'rade, die ist gut, die Ungerade auch.
Wählt euren Vers wie's mit dem Wurm der Angler tut,
Den er als Köder dann hinhält voll Übermut
Der flücht'gen Brasse mit dem ewig leeren Bauch.

Den Blankvers stets verwerft. Nichts da mit fahlen
Farben.
Nach Anmut suchet und natürlich auch nach Frische,
Ansonsten gar nichts und vermeidet das Gemische,
Vergeßt auch nie, was schlechte Formen schon
verdarben.

Laßt ab vom freien Vers. Zu nichts er taugt fürwahr.
Der ihn erfand, sagt man, ward irr, machte sich rar.
Ganz sicher ist das wahr[1]. Liebt, wenn ihr wollt, was
leicht,

Nach ernsten Themen sucht, doch fliehet, was banal.
Nehmt euer Werk euch vor, sagt nie, es ist erreicht.
»He! Das ist leicht gesagt! Unser Papier ist all!«

[1] Es ist nicht wahr.

TROP POLIT POUR ÊTRE HONNÊTE

Si la lune plate, au ciel de ce soir,
N'avait qu'un côté, l'astiqueur de lune
Serait bien content de cette fortune
Et quatorze jours il pourrait s'asseoir.

Il était jadis, devant son trottoir,
Cireur de souliers. L'amour importune
Le fit criminel pour la toison brune
D'une fille souple au rouge peignoir.

Et sa tête pâle au panier à son
Roula, puis son corps eut un court frisson . . .
Depuis, il astique en haut les deux faces.

Mais pendant qu'il est de l'autre côté,
La tant douce nuit son travail efface
Et l'effacera pour l'éternité . . .

ZU GLATT UM ANSTÄNDIG ZU SEIN

Hätte der flache Mond am Abendhimmel heut'
'ne einz'ge Seite nur, wie froh wär da der Mann,
Der ihn polieren muß mit seiner langen Stang',
Denn vierzehn Tage lang tät er nicht einen Deut.

Ganz früher mal war er, auf seinem Bürgersteig,
Der Mann, der Schuhe putzt. Dann trafs ihn unheilbar,
Er wurde kriminell, schuld war das braune Haar
Des schlanken Mädchens, das zu diesem allem
schweigt.

Dann fiel sein blasser Kopf von seinem Hals herab,
Ein kurzes Zittern nur bracht' seinen Leib auf Trab.
Seit jener Zeit poliert er oben Seit' um Seit'.

Doch während er auf einer Seite wienern tut,
Wischt ihm die laue Nacht für alle Ewigkeit
Die Arbeit fort und raubt ihm damit allen Mut.

LE GAILLARD D'AVANT

J'étais en ce temps-là naïf célibataire.
J'étudiais l'algèbre et faisais du latin.
Je ne fleuretais pas, je me levais matin,
J'écoutais Bach, Mozart, et je lisais Voltaire.

Douce, elle vint à moi sous sa peau de panthère . . .
Elle portait de longs pyjamas de satin . . .
Sitôt que je parlais, j'avais l'air d'un crétin.
Je ne sais pas pourquoi je préférais me taire.

Je confondais encor couturiers et voyantes.
Lanvin, je m'en moquais comme de l'an quarante
Et la nécessité des faux cils m'échappait . . .

Mais au bout de deux ans d'efforts, je puis prétendre
Assortir de mémoire avec un goût parfait
Le bleu d'une cravate au gris de ses yeux tendres . . .

DER STRAMME BURSCH VON EINST

Ich war zu jener Zeit naiver Junggesell'.
Ich lernte Algebra und paukte mein Latein.
Ich flörtete noch nicht, stand morgens auf allein,
Ich hörte Mozart, Bach, ging niemals ins Bordell.

Sanft kam sie auf mich zu in ihrem Pantherfell.
Sie trug 'nen Pyjama und der war aus Satin.
Wenn ich den Mund auftat, verkam ich zum Kretin.
Warum, das weiß ich nicht, ich war wohl nicht sehr hell.

Verwechseln tat ich viel, den Schneider mit dem Gral.
Lanvin, der Fabrikant, der war mir piepegal,
von falschen Wimpern hatte keine Ahnung ich.

Zwei Jahre hinterher, ich kann es heute sagen,
Da wähl ich mit Geschmack, nicht nur gelegentlich,
Das Blau von meinem Schlips zum Grau von ihrem
Kragen.

CHASSE D'EAU

Plaine sotte
Sans rien vert.
Ciel couvert
Qui toussotte . . .

L'eau tapote
En pivert.
L'œil ouvert,
Mon chien trotte.

Urinal
Automnal
Des nuages,

Quel pisseur
Emplisseur
Se soulage?

Hein?

WASSERSPÜLUNG

Dumme Ebnen
Wo nichts grün.
Himmel regnen
Nur zur Sühn' . . .

Wasser klopft
Wie ein Specht.
Auge tropft,
Hund ist echt.

Urinal,
Kolossal,
Pinkelhaus.

Welcher Pisser,
Welcher Schisser
Tritt da aus?

Na?

PUBLICITÉ

Au pied d'un panneau couleur sansonnet
Où près du slogan l'affiche s'empresse
Se tint un beau soir querelle traîtresse
Entre un vieil ivrogne et le baronnet.

Rempli de Dubo, Dubon, Dubonnet,
Le premier mettait son pied sur la fesse
Du second, choqué qui, je le confesse
Passait la mesure et le bâtonnait.

– Vous n'êtes qu'un Kub, dit, ému, le noble,
Lisant le gros bœuf sur le mur ignoble.
– Terme aux gênes! dit l'autre, s'échauffant,

Qui prit son couteau dans sa grande poche
Fendit son voisin comme d'une broche,
Et chanta: l'ouvrir est un jeu d'enfant . . .

Un cercueil signé Dufour est garanti pour toujours.

WERBUNG

Am Fuß der Litfaßsäul', die Farbe ist stargrau,
Wo Sprüche und Plakat verheißen Herrlichkeit.
Da gab es eines Nachts ganz hundsgemeinen Streit
Zwischen 'nem Trunkenbold und dem Baron Radau.

Besoffen von Dubo, Dubon und Dubonnet:
Der erste trat darauf dem zweiten in den Arsch.
Der war schockiert und sprach: »Dir blase ich den
Marsch!«
Schlug mit dem Stock auf ihn, der Arschtritt tat ihm
weh.

»Sie Maggiwürfel Sie!« sagte der Adelsfant
Und las den dicken Ochs auf der gemeinen Wand.
»Jetzt ist es aber Schluß!« sprach drauf sein
Kontrahent,

Und zog das Messer flugs aus seinem großen Sack,
Durchhaut den Nachbarn wie mit einem Tomahawk
Und sang: Zu öffnen ihn bedarf es kein Talent.

Ein Sarg der Marke Wimmer ist garantiert für immer.

AU BAN

Un avorton, malingre et rachitique,
Avait volé, sans se gêner, un veau
Pour le manger, chez le boucher, puis un tonneau
De vin, pour boire, à l'épicier dans sa boutique.

Le procureur, quel débat pathétique,
Voyant en sa personne un Lucifer nouveau,
Un monstre sans pareil, voulait avoir sa peau.
– Il était affamé! dit l'avocat, pratique.

– C'est l'esprit d'Ahriman qui le poussait, messieurs!
– Non! De son estomac l'appel impérieux!
Trois jours durant se discuta la chose

Et je m'en fus, répétant ce refrain:
Mal, étiez-vous le besoin de la cause?
Cause du mal, étiez-vous le besoin?

Eh ben, j'ai pas encore trouvé.

IN ACHT UND BANN

'ne arme Mißgeburt, die kränklich und asketisch,
Die raubte eines Tags, so dreist war sie, ein Kalb
Beim Fleischer zum Verzehr sowie ein Faß, das halb
Voll feinsten Weines war, zu trinken ihn am Biertisch.

Der Oberstaatsanwalt verklagte ihn pathetisch,
Sah neuen Luzifer in ihm, der blöde Tropf,
Ein Monster ohnegleich, er wollte seinen Kopf.
»Er war halt hungrig!« sagt sein Anwalt theoretisch.

»Es trieb Ahrimans Geist den bösen Burschen an!«
»Nicht doch, es war des Bauchs gebieterischer Drang!«
Drei Tage lang hat man die Sache dann verhandelt.

Doch ich ging vorher weg und sang mir diesen Reim:
War Not der Grund, daß er so bös an ihm gehandelt?
Und hätte gar im Grund die Not nicht müssen sein?

Nun, ich habe es noch nicht herausgefunden.

INDÉCENT[1] *SONNET*

Rêveuse, elle songe
Par les contrevents
Le soleil levant
Près d'elle s'allonge

Telle dans un songe
Je la vois souvent
Mirage énervant
Chimère, mensonge

La claire santé
De la rose thé
Colore sa joue

Et sur son corps nu
Le soleil se joue
Amant inconnu.

[1] Si peu . . .

UNANSTÄNDIGES[1] SONETT

Sie träumt bewegt.
Durchs Hausportal
Der Sonnenstrahl
Sich zu ihr legt.

Und wie im Traum
Seh ich sie oft
Und unverhofft:
Schimäre, Schaum.

Der Lust-Effet
Vom rosa Tee
Färbt ihre Haut.

Auf nackten Leib
Zum Zeitvertreib
Die Sonne schaut.

[1] Aber kaum . . .

À ARTHUR

Or, dans Apéritif, il y a happe et rite . . .
Happe à midi moins dix, rite sacramentel
Le jus opalescent – ce n'est pas du Vittel –
Et dans ton estomac, loge ce jus bien vite . . .

Descendez, les alcools! Créez la joie subite
Au cerveau du buveur qui ne sait rien de tel
Et s'offre pour cent sous l'âme d'un immortel.
– »C'est ma tournée, mon vieux!« Tout le monde en profite.

Ainsi, ce mot nouveau correspond bien en somme
À l'idée qu'on se fait du monsieur qui consomme.
Happer, rite. Et pourtant, j'omets le principal:

Il me reste if, pour le planter au cimetière
Sur ta tombe. Et je trouve, hélas, par trop normal
Que, lassé du pernod, ton corps aille à la bière.

FÜR ARTHUR

Im Aperitif gibts nun das Aber und das Tief,
Aber um zehn vor zwölf, tief wie das Sakrament
Der Saft, er schimmert schön, er ist nicht transparent,
Und in den Bauch kommt schnell der Saft, der macht aktiv.

Hinab, du Alkohol! Schaff Freude und zwar schnell
Im Hirn des Trinkers, dem so etwas eher fremd,
Und sich für ein paar Francs in einem Zug enthemmt.
»Ich schmeiße eine Runde!« Man findet das reell.

Damit entspricht dies Wort gewissermaßen wohl
Dem Grundprinzip des Gasts, man sieht es als Symbol.
Aber und tief. Jedoch die Hauptsach' ich vergaß:

Ich hab' noch eine Kief', die pflanz' ich, wenn es geht
Aufs Grab dir. Weil: ich find' es leider ganz normal,
Daß man dich, müd' vom Schnaps, auf eine Bahre legt.

HARMONIE

presque révolutionnaire

À l'heure où les soleils couchants
Meublent le soir d'ombres propices
Vautrée sur mon thorax complice,
Déméter nique dans les champs . . .

Et le cricri cesse son chant
Dès que, flamboyant sacrifice,
Disparaît le rouge calice.
Fou qui éteins, vil et méchant . . .

Un champignon, décalotté
Par un baudet . . . bien culotté
Thalle errant, s'en va sur la route . . .

Et j'entends parmi l'humus gras
Fuir le campagnol en déroute,
Quand bat Cérès entre mes bras . . .

HARMONIE

fast revolutionär

Wenn die Sonnen untergehen
Und dem Abend Schatten spenden,
Heiß gedrückt an meine Lenden
Fickt Demeter in Alleen.

Singen hört das Heimchen auf,
Wenn entflammtes Opferkind,
Roter Blütenkelch verschwind'.
Böser Irrer letzter Schnauf.

Pilz: sein Kopf ist abgeschlagen
Von dem Esel, gut beschlagen,
Thallus auf der Straße irrt.

Ceres, die – im Arm mir – drischt,
Höre dann im Dämmerlicht,
Wie die Wühlmaus flieht verwirrt.

MAN HAT MIR DAS ERZÄHLT

(ON M'A DIT ÇA)

PASTORALE

Jeannette attendait son amant
Dans un grenier rempli de paille.
Jupe troussée jusqu'à la taille.
Elle rêvait tout bonnement.

Pour se livrer au jeu charmant
De caresser la jeune caille,
Armand se faufile, entrebâille
La porte, et saute lourdement

Dans le foin. Pour plus de confort,
Il transportait à grand effort
Un matelas de plume fine.

Mais Jeannette, éveillée soudain,
Dit, en voyant cette machine:
– Tu es bête, Armand, j'ai du foin!

Et moult s'esbaudirent en la paille et firent la beste à deux dos.

PASTORALE

Auf einem Speicher voller Stroh
Jeannette harrt auf ihren Stift,
Den Rock zur Taille hochgerifft,
Träumt vor sich hin vergnügt und froh.

Sich hinzugeben jenem Spiel,
Zu streicheln seine Konkubin
Kommt angepirscht der Benjamin,
Tut auf die Tür und springt agil

Ins Heu. Zu seinem Hochkomfort
Bringt er, ein wirklich dummer Tor
Die eigne Bettmatratze mit.

Jeannette, die ganz plötzlich wach,
Erklärt, als sie dies Dinge sieht:
»Wozu? Ich werd' auch ohne schwach!«

Und viel Volks ergetzete sich im Stroh und spielete das Tier mit den zwei Rücken.

NOCTURNE

La lune célébrait sa fête.
Tous les oiseaux, groupés en chœur,
Chantaient un chant plein de vigueur,
Marquant le rythme de leur tête

Musique du soir . . . Chaque bête
Avait une joie dans son cœur.
Et, dans l'ombre, un pauvre jongleur,
Mi-troubadour et mi-poète[1],

Contait à la lune son rêve;
Elle, qui l'entendait, se lève,
Lui tend un vase de nectar . . .

Et le poète, en la nuit brune,
La vit boire et but sans retard,
Et dit: – Trinquons comme la lune!

La conclusion de ce sonnet célèbre est déjà tombée dans le domaine public.
[1] Non pas latéralement, mais verticalement.

NÄCHTLICH

Es feierte sein Fest der Mond.
Zum Chor gruppiert die Vögel saßen,
Besingend ihn über die Maßen
Wiegten sich rhythmisch wie gewohnt.

Die Tiere sind wie aufgedreht,
Sie haben Freude im Gehör,
Im Schatten sitzet ein Jongleur,
Halb Troubadour und halb Poet[1],

Erzählt dem Monde seinen Traum,
Der Mond, er steht im Himmelsraum,
Reicht ein Gefäß mit Nektar dar.

Und der Poet in brauner Nacht
Sah trinken ihn, trinkt auch und sagt:
»Ich tue, was der Mond auch macht!«

Die aus diesem berühmten Sonett gezogene Schlußfolgerung ist bereits gemeinfrei.

[1] Nicht seitlich, sondern senkrecht.

HIPPIQUE[1]

Voyant un cheval qui broutait,
Un décorateur plein d'audace
Voulut le transformer sur place
En un objet d'art. Stupéfait,

L'étalon regarde et se tait.
Découpant le cuir coriace,
L'homme, ainsi qu'un affreux rapace,
Vide la bête et vous en fait

Une lanterne dernier cri
Que l'on vendra cher à Paris.
Mais l'animal soudain sursaute,

Se débat, puis proteste. En vain . . .
Le voilà lustre par sa faute.
L'étalon qu'homme ajoure s'en plaint . . .

Évidemment, il y a là une invraisemblance, parce que la viande de cheval n'est pas assez isolante pour que l'on puisse sans danger y faire passer des fils.

[1] Le moustique aussi.

DAS FEHRT[1]

Es sah einmal ein Pferd, das graste,
Ein Kunstgewerbler, der sehr helle,
Er wollt's verwandeln auf der Stelle
In ein Objekt der Kunst. Da glaste

Verblüffter Hengst und paßte.
Der Mann zerschnitt dem Pferd die Felle
Und leert's, ein wenig auf die Schnelle:
So macht's der Räuber mit dem Gaste.

Macht's zu 'ner Lampe dernier cri,
Die dann verkauft wird in Paris.
Doch plötzlich springt das Rößlein auf

Und wehrt sich, protestiert, verzagt.
Zur Lampe wird sein Hinterlauf.
Der Hengst, vom Mensch verziert, er klagt.

Natürlich ist die Sache etwas unwahrscheinlich, weil das Pferdefleisch nicht ausreichend isoliert, um gefahrlos Drähte hindurchziehen zu können.

[1] Das Auto auch.

ENTSPANNUNG

(DÉTENTE)

COL BLEU

Dans le port, il était deux belles,
L'une blonde et l'autre châtain,
Mais, l'une et l'autre, un peu pudiques.
Un désir hantait leur cervelle:

Béatrice comme Isabelle
Voulaient être aimées d'un marin.
Le soir, auprès des tamarins,
Rêvaient ces tendres jouvencelles . . .

Or, un jour, au loin se dessine,
Ramenant Éraste de Chine,
Une nef à la coque vaste.

Isabelle aussitôt s'élance,
Mais voit sur le port, en avance,
Sa copine occupée d'Éraste . . .

BLAUER KRAGEN

Im Hafen waren mal zwei Schöne,
Die eine blond, die andre braun,
Ein wenig sittsam diese Frau'n,
Indes das einzige Obszöne:

Die Beatrix und die Irene
Wollten, daß sie ein Seemann liebt,
Sie träumten, daß es sowas gibt.
Die zarten Jungfern niemand höhne!

Da zeigt sich eines Tags das Glück,
Ein großes Schiff bringt Jean zurück
Aus China, jenem fernen Land.

Sofort läuft die Irene los
Und sieht am Hafen fassungslos
Jean mit der Freundin Hand in Hand.

HELLADE

La trière gisait à l'ancre
Et le scolopendre rongeur
Commençait de percer le cœur
Du chêne sombre comme l'encre.

Sournoisement gagne le chancre . . .
L'éperon du vaillant lutteur
Se désagrège avec lenteur
Sous la dent âpre qui l'échancre.

L'avant, d'un seul coup s'écroula . . .
Le ver, dans l'eau, se déroula,
Marmottant une patenostre,

Mais l'eau céans le tenait bien
Et le conserva dans son sein,
Avalant centipède et rostre . . .

HELLADE

Die Triere damals lag vor Anker,
Der Skolopender nagt und nagt,
Macht auf der Eiche Innres Jagd,
Darin's so schwarz ist wie im Tanker.

Heimtückisch schafft sich vor der Schanker,
Ganz langsam löst sich auf die Ramme
Des tapfren Kämpfers ohne Schramme.
Ihn fröstelt unter seinem Janker.

Das Vorderteil fiel plötzlich ab.
Der Wurm im Wasser spult sich ab
Und murmelte ein Paternoster.

Es hielt ihn gut jedoch das Wasser
Im Schoß, das, ebenfalls ein Prasser,
Das Schiff verschlang und den Klaboster.

LA ROUE

On rouait un faquin sur la place de Grève.
La foule, que l'odeur du carnage attirait,
Au spectacle, charmée, déjà se préparait,
Et chacun s'esclaffait, content au fond qu'il crève.

Pour ne rien perdre d'une vision trop brève,
Un gamin, dont le corps tôt grandi s'étirait
Dans un pourpoint fané, s'agitait et courait.
Sonnant le cor, un garde enfin rompit la trêve.

Le condamné parut. Sur son col déchiré,
Son visage inquiet semble pâle et tiré.
Du sang coule en filet de sa lèvre qu'il mord.

Et le bourreau saisit la barre, habile et preste.
Il brise en quattre coups le corps las qui se tord . . .
Sur la place, sanglant, le triste pendard reste.

DIE RÄDERUNG

Gerädert ward ein Schuft auf der Place de Grève.
Die Menge kam herbei, das ist ihr Naturell,
Daß Blut dort fließen sollt', das fand sie ganz reell.
Man freute sich, war froh, daß es den Burschen treff'.

Damit ihm nichts entgeht, weil er so kurz nur sieht,
Ein Junge tummelt sich, sein Körper, früh schon groß,
Streckt sich im Knitterwams, er läuft auf einmal los.
Ein Wächter stößt ins Horn, bricht Ruh mit seinem Lied.

Der Sträfling nun erscheint. Und überm Kragen sein
Unruhiges Gesicht ist bleich und fahl und klein.
Blut fließt in dünnem Strahl von der zerbissnen Lipp'.

Der Henker packt das Beil, geschickt und äußerst schnell,
Zerbricht mit Viererschlag den Körper von dem Typ.
Jetzt liegt er auf dem Platz im Blut und kriminell.

DANS L'ÉCU

Le sire Briseford et le sire Adhémard
Vivaient depuis vingt ans sans querelle notable.
L'un et l'autre occupés des plaisirs de la table,
Ils sablaient l'hydromel et mangeaient du homard,

À leurs moments perdus fabriquaient des bâtards,
Bref, menaient une vie en tous points respectable.
Las! la guerre entre eux deux devint inévitable.
Je vous en vais conter le motif sans retard.

Briseford possédait un bouffon sans vergogne,
Natif de Suède, épais d'esprit, rouge de trogne.
Un jour, chez Briseford, Adhémard se soûla,

Partit sans son écu. Le fou, dans son audace,
S'y assit, s'oublia. La guerre en découla.
Le Suédois dans l'écu troubla la paix des races.

AUF DEM SCHILD

Der Sire Briseford und Sire Adhémard
Die lebten zwanzig Jahr' ohne besond'ren Streit,
Da beide gegen Lust der Tafel nicht gefeit,
Sie kippten ihren Met und aßen Kaviar.

In ihrer Freizeit schuf ein jeder 'nen Bastard
Ehrbar ihr Leben war und wirklich einwandfrei.
Doch unvermeidlich ward sehr bald 'ne Keilerei.
Den Grund hierfür leg ich euch unverzüglich dar.

'nen Hofnarr hat Bris'ford, der völlig ohne Scham.
Aus Schweden kam der Kerl, war fett im Geist und lahm,
Und eines Tags besoff beim Freund sich Adhémard,

Ging ohne Schild davon. Der Narr sich nun verstieg,
Die Notdurft macht er drauf. Und so kam es zum Krieg.
Der Schwede auf dem Schild war einfach ein Barbar.

HELVETE'S SCIE

Lorsqu'il naquit, ses heureux parents
Voulaient en faire un beau militaire.
Lui paraissait plutôt se complaire
À tripoter des bouquins savants.

Il publia, dès qu'il devint grand
Plus d'un volume, et sa bonne mère,
Se consolait et se sentait fière
De son cher fils, célèbre à vingt ans.

Et tout d'un coup paraît son beau livre
L'Éloge de la Folie, qui livre
Aux préjugés le combat des forts,

Et ses parents, dans l'enthousiasme,
Savent enfin comme ils avaient tort
De vouloir faire un troupier d'Erasme.

Mais depuis, on a eu Paul de Kock et Maurice Dekobra et alors, voilà.

HELVET'S I A

Die Eltern, sie bestimmten ihn
Zum Militär bei der Geburt.
Ihm selbst erschien das höchst absurd,
Nach Büchern nur stand ihm der Sinn.

Kaum war er groß, bracht' er heraus
Gar manches Buch, und's Mütterlein
War darob stolz ganz ungemein.
Mit zwanzig schon soviel Applaus!

Und da erschien sein schönstes Buch:
Das Lob des Wahnsinns, das ein Fluch
Dem Vorurteil vom Kampf der Starken,

Und seine Eltern, hoch begeistert,
Sie wußten nun, wie falsch sie lagen,
Das Barrasspiel hätt' ihn entgeistert.

Doch seitdem hat es Paul de Kock gegeben und Maurice Dekobra und, nun, was soll man dazu sagen.

TRISTE AZOR

Un chien vivait fort chichement
Dans une niche en bois de chêne.
Retenu sans cesse à la chaîne,
Il connaissait plus d'un tourment.

Mais le pire désagrément,
C'était la faim. Nourri de faines
Dont les malfaisantes akènes
Lui laissaient le nez tout saignant,

Il eût aimé jouir d'une table
Satisfaisante et confortable,
Lécher des assiettes, le soir . . .

Mais, pauvre, il mourut de la peste,
Et l'on grava sur le sol noir:
– Il est mort sans laper des restes.

TRAURIGER AZOR

Sehr dürftig lebte einst ein Hund
In einer Hütte ohne Bett.
Dort lag er ständig an der Kett',
Ihm wurd' es mit der Zeit zu bunt.

Für ihn das Schlimmste aber war
Das Hungrigsein. Bucheckern gab es.
Das bracht' ihn an den Rand des Grabes,
Ein Hund ist schließlich kein Scholar.

Er hätte gern ein Mahl genossen,
Für so was war er aufgeschlossen:
Am Tisch die Teller ausgeleckt.

Doch arm starb schließlich er an Pest,
Mit welcher er sich angesteckt.
»Er starb womöglich aus Protest.«

JULIE

La môme du dernier trottoir
Possède une chouette poitrine.
Y en a qu'aiment mieux Catherine,
Grue de la rue de l'Abattoir

Pourtant, jusqu'ici, ses battoirs
M'ont dégoûté de la coquine.
Plutôt Nini, qu'est plus câline,
Et qu'est derrière un beau comptoir,

Ou la fille du bistro Jacques
Qu'est propre et n'a pas des morbacques;
Après tout, c'est chacun son goût.

Moi, je m'en fous, mais j'ai fait des tests,
Comme on dit, et j'préfère à tout
Ma Julie du lampadaire Est.

Et pis c'est une bonne gagneuse.
Pour le détail des tests, se reporter à notre prochain nopuscule (de cheval) sur l'amour à la gauloise (avec moustache).

JULIE

Die Kleine dort auf dem Trottoir,
Die hat 'ne wunderschöne Titte,
Zwar lieben manche mehr Brigitte,
Nutte der Rue de l'Abattoir.

Doch mag ich ihre Pranken nicht,
Weil, sie verleiden mir die Schickse.
Ich ziehe Nini vor, die fixe,
Auch wenn sie hohle Phrasen drischt.

Und auch das Mädchen aus Jacques' Bar,
Das sauber ist und annehmbar:
Ein jeder wie es ihm gefällt.

Mir ist das wurscht, ich mach' 'nen Test,
Und dazu hab' ich mir erwählt
Die Julie von der Gare de l'Est.

Und überhaupt ist sie eine gute Anschafferin.
Was nun den Test im Einzelnen angeht, so verweisen wir auf unsere nächste Roßkur und unsere Schrift über die Liebe à la gauloise (mit Schnurrbart).

OÙ CHANTE LE COQ TÔT

Este est la ville des cyclistes.
Il faut les voir filer sans bruit
De l'aube au milieu de la nuit,
Brûlant le pavé des cent pistes.

Pour les habitants, rien n'existe
En dehors du vélo qui luit.
Chaque jour, sur chaque circuit,
Toute une large et longue liste

De courses, de matchs, de tournois,
Annonce à l'honorable Estois
Les plaisirs de la matinée.

Et le narrateur en atteste,
Ils roulent toute la journée:
C'est la ville des pédards, Este . . .

Je ne suis pas le premier à tenter un mauvais jeu de mots sur cette ville si sympathique. Je pense que vous vous rappelez tous la parole célèbre de Louis Quatorze, si content du plaisir qu'il avait pris dans ces murs légendaires, lorsque le consul lui décerna le diplôme de citoyen d'honneur: l'Estois, c'est moi!

WO FRÜH DER HAHN SCHON KRÄHT

Este die Stadt der Radler ist.
Sie flitzen still und stumm dahin
Von morgens früh bis zum Beginn
Der Mitternacht auf ihrer Pist'.

Es gibt für die Bewohner nichts
Außer dem Fahrrad nur, das glänzt,
Und jeden Tag man sie bekränzt
Auf ihrer stolzen Fahrt des Lichts.

Bei Rennen, Match sowie Turnier
Die Estianer steh'n Spalier.
Die Lust beginnt beim Morgengrau'n.

Und die Erzähler drauf verfielen:
Pedale treten auch die Frau'n,
Obgleichs die Stadt der Pädophilen . . .

Ich bin nicht der erste, der sich an einem schlechten Wortspiel über diese so sympathische Stadt versucht. Ich denke, Sie alle erinnern sich an das berühmte Wort Ludwig des Vierzehnten, der so froh war über das Vergnügen, das er in diesen legendären Mauern genossen hatte, als ihm der Konsul das Diplom eines Ehrenbürgers verlieh: »L'Estois, c'est moi!« (Der Estianer bin ich!)

GÉNIE RURAL

Un paysan s'était blessé
En ramassant des feuilles mortes,
Une femelle de cloporte
Ayant traîtreusement glissé

Un corps agile et ramassé
Sous son pied gauche. De la sorte
Il fit une chute si forte
Que du pus vint à s'amasser.

Et l'on appela de la ville
Un médecin des plus habiles
Pour crever le hideux abcès.

Vite arriva cet homme illustre.
Il fit son œuvre avec succès
Puis étancha le pus du rustre.

LÄNDLICHER GEIST

Ein Bauer hatte sich verletzt,
Als er das Laub zusammenlas,
Ein Kellerasselweib, das Aas,
Das hatte tückisch ihn verätzt,

Indem es seinen dicken Bauch
Unter den linken Fuß ihm schob.
Er stürzt, als wär' er ein Zyklop.
Der Eiter troff, als wär' es Jauch'.

'nen Doktor rief man aus der Stadt,
Es kam der beste, den man hat,
Der nahm sich das Geschwür gleich vor.

Dieser berühmte Mann und Arzt
Vollbracht' sein Werk mit viel Humor,
Trocknet' die Wunde, aus, das wars.

MÉDICULE

Il est en la grand'ville un docteur très étrange.
Chaque malade grave est mené, par ses soins,
Chez un chirurgien, qui n'habite pas loin,
Couché, puis on lui sert un délicat mélange

Qui l'endort sitôt bu. Dans l'instant, tout s'arrange
Pour l'opération. Des aides, dans un coin
Préparent les outils. C'est l'un de ces témoins
Qui me conta l'histoire, et pas un mot n'y change.

Le maître, saisissant un scalpel, fend le ventre
Du patient, puis notre docteur se concentre
Dans l'examen du foie, de la rate surtout.

On referme la plaie. Bien plus fort qu'Hippocrate
Jamais son diagnostic ne fut pris en défaut
Cet homme guérit tout d'après l'aspect des rates.

MEDIKÜSSCHEN

In jener Großstadt gibts 'nen Doktor, der bizarr.
Ist jemand ernsthaft krank, er keineswegs ihn schont.
Er bringt ihn zum Chirurg, der unweit von ihm wohnt.
Dort flößt er ihm was ein, als hätt' er 'nen Katarrh.

Worauf er ganz tief schläft. Und schon ist man bereit
Für die Operation. Gehilfen in der Eck
Kochen das Werkzeug ab. Einer erzählte keck,
Was dort vonstatten geht. Er sagte mir Bescheid.

Der Meister nimmt's Skalpell und schlitzt den Bauch ihm auf,
Er tut das konzentriert und mit sehr viel Geschnauf,
Sieht sich die Leber an, in Sonderheit die Milz,

Und näht ihn wieder zu. Er wußt' auf einen Blick,
Die Diagnose stimmt: Der Kerl ist frei von Pilz.
So heilt nach Augenschein der Mann mit viel Geschick.

MARINELLA

Une aventure étrange, en des temps écoulés,
Du fils d'Agamemnon mérita l'entremise,
Car sa mère, soudain, se fit fille soumise,
Couchant, pour se distraire et pour se consoler,

Avec un assassin. Celui-ci, désolé
D'avoir pris la vie du mari, sauvait la mise
En lui prenant sa femme aussi. Veuve conquise[1]
Elle passait le jour à le bien cajoler.

Le fils trouva la chose en tous points regrettable
Et, frappant fort d'un coup de son poing sur la table,
Il se leva, tua les deux amants affreux,

Puis s'éloigna, rajustant posément sa veste.
Et chacun le voyait et détournait ses yeux
Du sang noir qui souillait la longue épée d'Oreste . . .

[1] C'est ce qu'elle lui disait tout le temps, dans l'argot des Argonautes: la veuve conquise t'adore.

MARINELLA

Ein Abenteuer, das aus fernen Zeiten kommt
Von Agamemnons Sohn, die Fürsprache verdient,
Denn seine Mutter hat als Nutte sich verdingt,
Sie schlief zum Zeitvertreib und Trost, was sich nicht frommt,

Mit einem Mörderbub. Der war sehr traurig dann,
Daß er den Mann erschlug und wahrte das Gesicht
Nur dadurch, daß er ihm die Frau auch nahm, der Wicht.
Kaum ist erobert sie[1], liebkost sie den Tyrann.

Der Sohn fand die Geschicht' unsäglich gleisnerisch,
Er schlug mit seiner Faust mal kräftig auf den Tisch,
Dann stand er plötzlich auf und killt das schlimme Paar,

Entfernte sich darauf, bestieg sein edles Pferd,
Und jeder, der ihn sah, wurde sogleich gewahr
Des schwarzen Bluts, das klebt an Orests langem Schwert.

[1] Die eroberte Frau ist im Original die »eroberte Witwe«, la veuve conquise, weshalb sie, im Argot der Argonauten, ständig zu ihm (dem Mörder ihres Mannes) sagt: la veuve conquise t'adore (die eroberte Witwe betet dich an, eine andere Lesart hingegen ergibt: die Konquistadors-Witwe.)

1900

Debout devant le grand tambour mélancolique,
Le petit groom en habit rouge à boutons d'or
Contemple sans le voir le chatoyant décor
Du cabaret de luxe à l'enseigne exotique.

Machinal, il sourit au client sympathique,
Suit des yeux la divette en manteau de castor
Et ne rit même pas si le fameux ténor
Glisse en montant dans une voiture asthmatique.

Il songe, et son métier lui paraît insipide.
Tous ces joyeux fêtards à la cervelle vide,
Du jour qu'il les connut, sitôt les détesta.

Mais il doit rester là, planté comme une borne,
Ou bien, de temps en temps, maintenir, triste et morne,
Les portières vernies des coupés des rastas . . .

1900

Der kleine Groom trägt rot mit Goldknopf an der Kluft,
Steht melancholisch vor der Trommel, die so groß,
Betrachtet den Dekor, der für ihn beispiellos
Von dieser Luxusbar mit dem Exotenduft.

Mechanisch lächelt er dem Gast, der reinkommt, zu,
Folgt mit den Augen dem Starlett im Biberpelz,
Lacht nicht mal auf, wenn der Tenor mit seinem Schmelz
In seinen Wagen hüpft, als wärs ein Känguruh.

Er denkt, und sein Beruf kommt ihm ganz trostlos vor:
Dem Lebemann fehlt's Hirn, der ist der reinste Tor,
Verhaßt sind sie ihm all, seit er die Bande kennt.

Doch er bleibt stehen dort, dem Grenzstein gleich so stumm,
Hält auch von Zeit zu Zeit in dem Panoptikum
Die Tür den Dandys auf, er tut das recht dezent.

C. P. R.

Le soleil se cachait derrière la nuée.
L'ombre étendait son voile aux jardins obscurcis.
Le fantôme des jours tristement raccourcis
S'éloignait de la ville en un enfer muée.

De lumière la multitude dénuée
Commençait de gronder. Déjà d'âpres soucis
Se frayaient un chemin sous les fronts indécis.
La peur montait, blafarde, et ce fut la ruée

Vers les dieux de métal sanglants des sacrifices
Et l'envahissement des vastes édifices.
Mais les dieux ne pouvaient dissiper le brouillard.

Alors parut soudain, conjurant le désastre
Au moyen d'une lampe, un auguste vieillard
Et chassant la ténèbre, on vit lampe aider astre.

C. P. R.

Die Sonne sich verbarg hinter der Wolke dort,
Es legt sich auf die Parks der Schatten überstürzt.
Und das Gespenst des Tags, der traurig nun verkürzt,
Entfernt sich aus der Stadt an einen andren Ort.

Des Lichts beraubt: das Volk stand grollend wie ein Turm,
Schon bahnten einen Weg die schweren Sorgen sich
In diesen Köpfen, die ein wenig sonderlich,
Die Angst, ganz fahl, stieg hoch und dann war es ein Sturm.

Zur Gottheit aus Metall, der blutig opfert man,
Und riesengroß entsteh'n die Bauten ganz nach Plan.
Die Gottheit aber bleibt dem Nebel ausgesetzt.

Doch da erschien ganz jäh ein majestät'scher Greis.
Das Unheil zu beschwör'n gelang zuguterletzt:
Ein Lampenlicht erhellt der Sterne Zauberkreis.

COMME AVANT-GUERRE[1]

Le fermier aux traits angulés
Conduisit ses bœufs sur la route.
Eux, tentés par l'herbe qu'on broute
Mâchèrent en vrais ongulés.

Or, un frelon fut engoulé
Par les grosses langues, sans doute.
Il piqua. Les bœufs, en déroute,
Voient rouge. L'homme est bousculé,

Tombe, se blesse. Et la blessure
Devenant bouillon de culture,
On appelle un docteur illustre.

Sous le coutre, l'abcès creva,
Et l'Hippocrate se trouva
Tout maculé du pus du rustre.

Petit commentaire. Celui-ci, c'est ce plagiaire de Monprince qui l'a fait pendant que j'avais le dos tourné. Comme il est plein de poésie, on vous en fait profiter pour le même prix.

[1] Pour une fois, je vous explique. Avant-guerre, quand on achetait des œufs, on en avait treize à la douzaine.

WIE VOR DEM KRIEG[1]

Der Bauer, kantig das Gesicht,
Führt auf der Straße seinen Ochs.
Der aber fand das paradox,
Er war aufs Wiesengras erpicht.

Dabei verschlang er 'ne Horniß',
Doch die, nicht faul, stach darauf zu.
Den Ochsen macht das wild im Nu,
Sah rot, worauf den Mann er schmiß,

Der sich verletzt. Die Wund' indes
Vereitert bald, wird zum Abzeß,
Man ruft sogleich nach dem Doktor.

Vorm Pflug sticht er die Beule auf,
Der Eiter nimmt nun seinen Lauf,
Bespritzt den Arzt von Mund bis Ohr.

Kleiner Kommentar. Das hier, ich meine dieses Gedicht, hat der Plagiator Monprince verbrochen, als ich ihm gerade den Rücken gekehrt hatte. Da es voller Poesie ist, bekommen Sie es zum gleichen Preis als Zugabe.

[1] Ich will Ihnen das ausnahmsweise mal erklären. Vor dem Krieg, wenn man da Eier kaufte, gabs dreizehn fürs Dutzend.

EVANGELIUM NACH DEN FÜNF SONETTEN

(ÉVANGILE SELON CINQ SONNETS)

THÉORÈME

Être infiniment bon, infiniment aimable
Infiniment ceci, infiniment cela
Ça n'est pas mal. Pourtant le sonnet que voilà
S'en va vous démontrer dans un style impeccable[1]

Que ça ne suffit pas. Il est indispensable
Pour être Dieu, de *tout* savoir. Il ne sait pas
Quelque chose, qu'à tous j'ai caché jusque-là.
Dieu, c'est moi. Démontrons. La chose est admirable.

Sachant ce qu'il ne sait, je suis plus fort que lui
– Dans vos cerveaux brumeux voici que l'aube a lui
Écoutez bien –; plus fort que lui, je me surpasse

Puisque lui, c'est bien moi. Qui peut se surpasser
Soi-même, sinon Dieu? – Oui, ça va tout casser.
Que voulez-vous – . . . souvent il advient que tout
casse.

[1] modeste . . .

THEOREM

Unendlich gut zu sein, unendlich liebenswert,
Unendlich dieses und unendlich jenes noch:
Das ist zwar gar nicht schlecht. Dieses Sonett jedoch
Bezeugt es Ihnen gut – im Stil beachtenswert[1] –

Daß dieses nicht genügt. Es ist einfach ein Muß,
Daß man, um Gott zu sein, nun wirklich alles weiß.
Er weiß das nicht, was ich verborgen hielt mit Fleiß.
Gott, DAS BIN ICH. Beweis? Ich bin ein Pfiffikus.

Ich weiß, was er nicht weiß, mithin bin klüger ich.
In euer Nebelhirn dringt dieses hoffentlich,
Und wenn ich klüger bin, dann übertreff' ich mich,

Denn er bin schließlich ich. Wer übertrifft sich wohl?
Doch höchstens Gott allein. Zwar scheint es euch frivol,
Das ist halt so, man ist jedoch zu zimperlich.

[1] bescheiden . . .

L'HOMME PROPOSE ET . . .

Et, sans qu'une auréole ait nimbé ma bobine
L'illumination m'apparut cependant
De ma divinité. Je me revis, perdant
Au ministère, où m'avait poussé la débine.

(Oui, j'étais l'Arlequin de cette Colombine).
Un temps que je passais à me curer les dents,
À dormir, même à lire en me baguenaudant
Les exploits immortels de Longue-Carabine . . .

Je revis mon bureau, plein de taches, mes doigts
Pleins de taches aussi, tout gourds par les grands froids,
Et je revis mon chef à la mine anguleuse

M'appeler près de lui – il disait »pour causer« –
M'engrimauder de sa parole fielleuse
Et me dire à la fin »vous pouvez disposer . . .«

P. S. Celui-ci peut être considéré comme une preuve indirecte de mon existence. Il ne faut pas rejeter par principe ces moyens – évidemment un peu puérils – d'augmenter sa popularité. D'autant que le texte en est accessible aux esprits peu cultivés auxquels d'ailleurs cet ouvrage n'est pas destiné, vu sa haute tenue littéraire.

DER MENSCH DENKT UND . . .

Kein Heil'genschein umgibt mein grämliches Gesicht,
Und doch ward' ich gewahr mir meiner Göttlichkeit.
Und wieder sah ich mich vor einer Ewigkeit
Im Ministerium, wo mich das Unglück sticht.

Das Pech trieb mich dahin, die Zeit dort war sehr
schlimm.
Ich schlug sie wirklich tot, ich bohrte mir im Zahn,
Ich schlief am Schreibtisch ein und las so manch'
Roman
Von einem wilden Held mit Namen Isegrimm.

Sah wieder das Büro, mit großen Flecken voll,
Schaut' meine Finger euch, die Kälte mir verquoll,
Sah ferner meinen Chef und sein Gesicht, das hart –

Und er mich zu sich rief, – »zu plaudern«, wie er sagt –
Um anzugiften mich mit seiner Gegenwart,
Worauf zum Schluß er meint: »Schon gut, genug
getagt . . .«

P. S. Dies hier kann als ein indirekter Beweis für meine Existenz angesehen werden. Grundsätzlich sollte man diese – natürlich ein wenig kindischen – Möglichkeiten, seine Popularität zu steigern, nicht verwerfen. Umso weniger, als der Text auch den weniger gebildeten Menschen zugänglich ist, für die dieses Werk in Anbetracht seines hohen literarischen Gehalts übrigens nicht bestimmt ist.

VERS

Quand le Galiléen creva sur la croix noire
Je me dis – c'est la fin! Comme je me trompais
Les prêtres, s'emparant de ce récit parfait
Inventèrent Jésus, la messe et le ciboire

Et depuis ce temps-là se raconte l'histoire
De Celui qui sortit de sa tombe. Et l'on fait
Un miracle étonnant de ce tout petit fait
Et l'on nous dit: croyez à cette balançoire.

Cependant, un souci me tanne le cerveau
Le conte, assurément, peut vous paraître beau:
»Il quitta son cercueil et prit de l'Altitude«[1]

Pourtant j'ai constaté – ça me gêne toujours
Que, s'il repose en paix seulement quinze jours
Un camembert aussi s'en va seul, d'habitude . . .

[1] Évangile selon Saint-Exupéry.

Der Nazarener, als am Kreuze er krepiert,
Glaubt ich, es sei vorbei! Was hab ich mich geirrt!
Die Priester kamen bald, die waren ungeniert,
Erfanden Jesus Christ, die Messe und den Hirt.

Seit jener fernen Zeit erzählt man die Geschicht',
Daß aus dem Grab er stieg. Er war noch ganz intakt.
Man macht ein Wunder draus, aus diesem kleinen Fakt,
Man sagt uns: glaubt daran, als wären wir nicht dicht.

Doch eine Sorge schlägt mir furchtbar aufs Gemüt,
Ob die Erzählung schön dir vorkommt oder rüd':
»Und er verließ den Sarg, gewann an Höhe bald«[1].

Dabei hab' ich bemerkt – was ständig mich bewegt,
Daß, wenn man vierzehn Tag ihn in die Sonne legt,
Ein Camembert auch fortläuft, meistens jedenfalls.

[1] Evangelium nach Saint-Exupéry.

OSCAR

À O. Wilde

Or Dieu lisait, serein, le Livre des Péchés
Et l'homme, devant lui, se tenait immobile
Et Dieu dit: »Tu frappas le pauvre et le débile
Tu prêtas ton corps vil à des jeux débauchés

Tu trompas ton semblable à de honteux marchés
Tu n'aimais que le mal et tu y fus habile . . .«
Et l'homme détournait son œil sombre et mobile.
Et Dieu dit »C'est l'enfer pour ton cœur desséché.«

L'homme leva la tête, et sa face était morne
Et l'ombre, autour de lui, s'épaississait sans borne
»Je n'ai jamais cessé d'y vivre« et Dieu pâlit . . .

»Veux-tu le paradis?« fut la riposte brève
Alors, hochant le front, triste, l'homme sourit . . .
»Je ne l'imaginais pas même dans mes rêves . . .«

Petit commentaire: Oscar, c'était un garçon assez drôle, mais il n'avait pas compris le sens de la vie ou plutôt il s'était trompé de sens. Et la Société l'a puni. Amen. Mais Guillaume II, on lui a rien fait.

OSCAR

Für O. Wilde

Gelassen las nun Gott das Buch der Sünden durch.
Der Mann, der vor ihm stand, blieb unbeweglich stehn.
Gott aber sprach: »Du schlugst die Armen in Athen,
Dein Körper diente dir zur Orgie, du Lurch.

Die Menschen du betrogst bei schändlichem Geschäft.
Nur Bosheit liebtest du und warst darin geschickt . . .«
Ab wandt' der Mann sein Aug', mit dem er düster blickt.
Gott aber sprach: »Die Höll' ist in dir bis zum Heft.«

Es hob den Kopf, der Mann, und trüb war sein Gesicht,
Der Schatten um ihn her, er wurde plötzlich dicht:
»Ich lebte nirgends sonst«, und Gott, er wurde blaß.

»Willst du ins Paradies?« entgegnete er kurz,
Da lächelte der Mann, er war ganz frei von Haß:
»In meinen Träumen selbst war mir das immer schnurz.«

Kleiner Kommentar: Oscar war ein ziemlich lustiger Knabe, doch er hatte den Sinn des Lebens nicht begriffen oder besser, er hatte sich im Sinn des Lebens geirrt. Und die Gesellschaft hat ihn dafür bestraft. Amen. Doch Wilhelm II., dem hat man nichts getan.

JE CROÂ Z-EN DIEU

Pourquoi donc les curés portent-ils une robe?
Sont-ils ou sont-ils pas du sexe féminin?
Du mâle ont-ils encor conservé le venin?
À les voir voleter je deviens hydrophobe

Pourquoi vêtir aussi ces malfaisants microbes
De ce grand chapeau plat, de ces plats escarpins?
Pourquoi pas une fraise, un lourd vertugadin?
Ajoutez à cela que leur tenue englobe

Du costume de l'homme un nombre d'attributs
M'incitant à ranger cette étrange tribu
Dans un genre spécial à nul autre semblable.

Qu'ils soient classés à part. Et nous voilà venus
À la solution qui paraît souhaitable:
Coupons ce qui dépasse et les lâchons tout nus.

Petit commentaire: Ou alors, qu'ils portent franchement une petite jupe comme les Écossais, avec rien dessous. C'est charmant, surtout si on a les genoux un peu gros et beaucoup de poil sur les jambes.

ICK GLOBE AN JOTT

Warum nur trägt der Pfaff' 'ne Kutte lang und
schwarz?
Sind sie nun oder nicht von weiblichem Geschlecht?
Ist ihre Männlichkeit verlogen oder echt?
Wenn ich sie flattern seh', sag ich mir nur: da knarrts.

Warum bekleidet man die schädliche Mikrobe
Mit so 'nem flachen Hut und eben solchen Schuh'n
Anstatt mit einer Kraus', 'nem Rocke aus Kattun?
Man füge dem hinzu, daß ihre Garderobe

So manches Attribut vom Männeranzug hat,
Weshalb ich leicht geneigt, das ganze Pastorat
Als Gattung anzuseh'n, die keiner andern gleicht.

Sie stehen außerhalb. Ich finde sie beknackt.
Doch eine Lösung wärs, wenn dieses man erreicht:
Schneid ab, was übersteht und laß sie laufen nackt.

Kleiner Kommentar: Oder aber sie sollen gleich einen kurzen Rock tragen wie die Schotten, und nichts darunter. Das ist charmant, vor allem, wenn man etwas dicke Knie hat und viele Haare an den Beinen.

DIE SPRICHWÖRTLICHEN

(LES PROVERBIALES)

CHANT CLOS

Dans un sombre cachot, lamentant sa malchance,
Un prisonnier pouilleux gisait sur son grabat.
Le sol était, hélas, d'un mètre en contrebas
Et la prison construite au bord de la Durance.

La cruche, dont le temps avait emporté l'anse,
Attestait, dans un coin, des eaux l'affreux dégât,
Tantôt stable, tantôt livrant un dur combat
Au flot qui la voulait emporter sans défense.

Et le triste reclus contemplait, tête vide,
Tandis que s'enfuyaient et revenaient les ides
Son pain, qui, lentement, s'humectait d'un jus noir . . .

Mais le remous, du mur détachant une masse,
Brisa le pot sous l'œil de l'homme, certain soir:
La cruche a tant vu l'eau qu'à la fin c'est la casse.

KAMPFPLATZ

In einem Kerker tief beklagte sein Geschick
Ein Häftling, der verlaust auf seiner Bettstatt lag.
Der Boden leider war ein Meter unterhalb,
Der Kerker war gebaut an eines Flusses Knick.

Ein Wasserkrug stand da, der Henkel war schon fort,
Bezeugt in einer Eck' des Wassers Schädlichkeit.
Bald hält er standhaft sich, bald zeigt im Kampf er Schneid
Und trotzt der Flut, die ihn mitreißen will von dort.

Der Klausner sieht sich an mit völlig leerem Kopf,
Und die Gedankenlast, sie knistert unterm Schopf,
Sein Brot, das langsam durchgetränkt vom schwarzen Saft.

Die Flut jedoch entnimmt der Wand 'ne Mörtelschicht,
Es ging entzwei der Topf, der Mann fand's grauenhaft:
Der Krug sieht solang Naß, bis er am Ende bricht.

LE POT DE L'OURS

Mohammed[1] le potier travaillait dans la cour.
C'était un homme adroit. Dans ses mains fort habiles,
La terre prenait forme, et la plus humble argile
Devenait ornement par la grâce du tour.

Or donc, il fignolait, patient, plein d'amour
Un vase, qu'amateur de poterie fragile,
Un puissant mercanti bien connu dans la ville
Lui avait commandé pour le prendre ce jour.

Tripotant l'ébauchoir et gratouillant sans trêve
Mohammed poursuivait rêveusement son rêve.
Il se voyait célèbre, adulé, riche et vil . . .

Il bat des mains, joyeux, mais son geste fracasse
Le frêle objet. Hélas! Par le ciel! s'écrie-t-il
Tant vaut la cruche, Allah!, qu'à la fin je la casse!

[1] La Fontaine s'est inspiré de ce vieux conte arabe. Mohammed, en arabe, veut dire »Perrette«.

BÄRENFÄLLE

Der Töpfer Mohammed[1], er werkelte im Hof.
Er war gar sehr geschickt. In seiner leichten Hand
Nahm Form die Erde an und wurde dann gebrannt.
Es war der Mohammed ein echter Philosoph.

Geduldig drehte er und wirklich liebevoll
'ne Vase, die bestellt ein Freund, von Tongeschirr:
Ein Kaufherr aus der Stadt, der schon ein wenig irr,
Und der am nächsten Tag das Stück abholen soll.

Und Mohammed, verträumt, verfolgte seinen Traum,
Kratzt dort ein Stück und dort, er hielt sich nicht im Zaum,
Er sah sich schon berühmt, vergöttert und auch reich.

Froh klatscht er in die Hand, doch leider hat er Pech:
Die Vase geht entzwei, und er zieht den Vergleich:
Der Krug taugt nur solang, bis ich ihn dann zerbrech!

[1] La Fontaine hat sich von diesem alten arabischen Märchen inspirieren lassen. Mohammed heißt auf arabisch »Perrette«, eine Figur aus einer Fabel von La Fontaine.

RIZ – PAIN – SELLE

Lacruche, humble biffin, vivait en garnison
Dans un obscur canton sis quelque part en France.
Il y passait des jours sans plaisir ni souffrance.
Je vous dirai le lieu: c'était à Barbizon.

Hélas! pour s'amuser, pas la moindre Lison
Pas le moindre copain, pas la moindre espérance.
La soupe était fadasse et le lard toujours rance.
Lacruche s'ennuyait comme en une prison.

Distraction suprême, il allait à la selle.
Quand son ennui s'enflait et croissait de plus belle.
Muni d'un vieux journal, il partait s'isoler.

Le service prit fin, car il faut que tout passe.
Ce sont les goguenots qui l'avaient consolé:
Tant va Lacruche aux lieux qu'à la fin y a la classe.

REIS – BROT – SALZ

Es war ein Landser Krug, lebt in der Garnison
In Frankreich irgendwo, in dunkelster Provinz.
Ereignislos die Zeit. Er lutschte Pfefferminz.
Ich sag euch auch den Ort: es war in Barbizon.

’s gab leider keine Lies’, und das war ein Verhängnis,
Auch keinen Kumpel nicht, und selbst die Hoffnung fehlt.
Die Suppe war recht fad, der Rest halbwegs beredt.
Der Landser langweilt sich, als sei er im Gefängnis.

Zerstreuung gab es nur, wenn er aufs Scheißhaus ging.
Wenn es ihm mulmig wurd’, im Bauch der Druck anfing,
Die Zeitung in der Hand, ansonsten leicht behost.

Die Dienstzeit ging zu End’, frei unser Mann nun ist.
Der Gang zum Scheißhaus war für ihn der einz’ge Trost:
Der Krug zum Lokus geht, bis er ein Zivilist.

FORCE DE L'OIE

Mon oye, péniblement ramenée d'Aquitaine,
Attendait dans un parc la fin de son état
D'animal bien vivant. Afin que l'on goûtât
Sa chair à la tendresse maxima, la reine

Était moins bien traitée que mon oye souveraine,
Et le matin, je lui versais de graine un tas
Pour que mon oye toujours beaucoup mieux se portât.
Tous les soirs j'écoutais le chant de ma sirène.

Mais qui l'oyait aussi? L'insolent serviteur
Du locataire d'en-dessus, fripon menteur.
Il ne put résister. L'affreux vaurien – traîtrise!

Prenant un hameçon, pêche mon oye bien grasse . . .
Heureusement pour moi, la ficelle se brise!
Ton valet crocha l'oye d'un fil fin qui se casse.

KRAFT DER GANS

Ich hatte eine Gans aus Sarlat mitgebracht,
Geduldig wartete auf seines Lebens End'
Das quickfidele Tier. Damit dem Konsument
Ihr zartes Fleisch auch schmeckt, bekam sie weit mehr
Acht

Als eine Königin, die souveräne Gans.
Am Morgen warf ich ihr nen Haufen Körner hin,
Worauf dann meine Gans ganz wunderbar gedieh'n.
Am Abend war ihr Lied mir reine Stimulans.

Jedoch, wer hört sie auch? Der Diener, dem ich grollt',
Des Mieters über mir: ein böser Lügenbold.
Er konnt' nicht widersteh'n. Er war ein Tunichtgut,

Zu angeln meine Gans nahm er 'nen Haken sich.
Zum Glücke war das Seil in einem Rutsch kaputt!
So langt er klug zwar zu, die Gans jedoch entwich.

GAZ HOUILLER

Totor, c'était un dur. Il vendait des réchauds
Pour la maison Chalot. De sa boutique verte,
Il laissait tout le jour la porte grande ouverte,
Et sa publicité tenait le client chaud.

Il vendait sans arrêt. Son concierge Michaud
Avait acheté là sa cuisinière. Certes
C'était un prix d'ami; mais il vendait sans perte.
Totor, pour le commerce, il était pas manchot.

Il en liquida tant qu'une marée montante
De réchauds inonda la ville, envahissante,
Et le fluide s'écoulait la nuit, le jour,

Tant et si bien qu'un soir, chacun fit la grimace,
Car le gaz de manquer vint à jouer le tour!
Tant va la crue Chalot, qu'à la fin, y a pus d'gaz.

KOHLENGAS

Totor, der war ganz hart. Verkaufte Kocher nur
Für eine Firma Grub. Von seinem Laden hielt
Den lieben langen Tag die Tür er auf gezielt,
Und Werbung machte er mit wirklicher Bravour.

Verkaufte noch und noch. Sein Hausmeister Malikt
Erstand den Herd bei ihm. Zum Freundschaftspreis gewiß,
Wobei er nichts verlor, so wars kein Ärgernis.
Was das Geschäft anging, war Totor sehr geschickt.

Er hat soviel verkauft, daß es zur Schwemme kam
Von Kochern in der Stadt. Wohin nur mit dem Kram?
Das Gas strömt Tag und Nacht, bis eines Tages dann,

Das war vorauszuseh'n, zu war der Gashahn schlicht!
Der Brennstoff fehlte nun, zu tüchtig war der Mann!
Solange gehts beim Grub, bis daß die Leitung bricht.

CHAMEAU-TRACES

Perdu dans le désert, un Arabe affamé
Souffrait depuis trois jours de crampes très-horribles.
Sa monture avait fui. Détail des plus pénibles,
Il ne lui restait plus qu'un poignard étamé.

Mais, ayant largement son prophète clamé,
Un sursaut de courage, une force invincible
L'entraîna sur les pas de la bête invisible.
Quand il eut retrouvé son chameau, l'eut blâmé,

Il le saigna d'un coup de son arme cruelle;
Et, sans prendre le temps de détacher la selle,
Il se jeta sur lui, de dévorant vivant.

Et notre émir émit dans son cerveau sagace
La vérité suivante, arabe assurément:
»Tant vaut le cru chameau que si tu le fricasses.«

Et pis quand il a eu bouffé le chameau, il est mort de soif.

KAMEL-SPUREN

Ein hungriger Emir sich in der Wüst' verirrt.
Seit Tagen litt er schon an Krämpfen wie verrückt.
Sein Reittier war gefloh'n. Doch was ihn noch bedrückt:
Ihm blieb nur noch sein Dolch, der manchmal leise klirrt.

Drauf klagt er dem Prophet ausführlich lang sein Leid,
Der führt ihn mit viel Mut, mit nie gekannter Kraft
Auf seines Tieres Spur, das treulos flatterhaft.
Er fand es schließlich auch und sagte ihm Bescheid.

Dann nahm er seinen Dolch, versetzte ihm 'nen Stich,
Dann stürzte er sich drauf, war gar nicht zimperlich,
Und fraß das arme Tier bei ganz lebend'gem Leib.

Der Emir, er behielt ganz klar die Übersicht
Und äußerte darauf die Wahrheit, die ich schreib:
»Das krumm' Kamel geht um, bis man es schließlich sticht.«

Das schlimmste aber: als er das Kamel gegessen hatte, ist er verdurstet.

LA FAIM DES HARICOTS

Assis devant un bar, Alain buvait sans trêve
Cocktail après cocktail, cognac, cherry, cointreau
Les liqueurs et les vins s'inscrivaient au tableau.
C'était, pendant la guerre, un hôtel de Megève . . .

De temps en temps, la main du buveur se soulève
Pour commander à boire. Et le siphon plein d'eau
Reste plein, dédaigné. Derrière le rideau,
La neige fraîche éclaire un décor blanc de rêve . . .

Il boit. Dans sa cervelle obscurcie par l'ivresse,
Passent des visions. Grandissante sans cesse
Revient l'envie d'un gueuleton bien cuisiné . . .

Et, tandis qu'il suçote un gros morceau de glace,
Son désir croît de savourer un bon dîner:
Tant vida cruche Alain que la faim le tracasse.

JETZT ISST ALLES AUS

An einer Theke saß Alain und trank drauflos.
Trank Cocktails, Bier und Wein, Cognac, Sherry,
Cointreau.
Liköre und der Wein bestimmten das Tableau.
Als das geschah, war Krieg, und Alain war Franzos'.

Von Zeit zu Zeit hebt sich des Trinkers rechte Hand,
Bestellt sich ein Getränk. Das Wasser im Siphon
Bleibt drin, es wird verschmäht. Und hinter dem
Perron
Beleuchtet frischer Schnee ein weiß verträumtes Land.

Er trinkt. In seinem Hirn, vom Suff verfinstert schon,
Wächst unaufhörlich an die riesige Vision
Von einem tollen Fraß, unheimlich gut gekocht.

Er lutscht ein Stückchen Eis, in seinem Kopf es tickt:
Ein gutes Essen hätt' ich lieber jetzt gemocht:
Solang leert er den Krug, bis ihn der Hunger zwickt.

MAIS CECI EST UNE AUTRE-UCHE TOIRE

L'autruche Paméla naquit au Sénégal.
Son père était célèbre à cent lieues à la ronde
Et sa mère, dit-on, la plus belle du monde.
Paméla possédait un charme sans égal.

La voir se dandiner, c'était un vrai régal.
Elle fit un voyage aux îles de la Sonde;
Un gros rajah, séduit par cette beauté blonde,
Lui fit don d'un enclos, d'un serviteur Tagal,

Et d'un kilo de clous dont elle était friande.
Le matin, Paméla broutait cette provende[1]
Puis s'en allait nager comme hareng soret

Dans un étang peuplé d'oiseaux aqueux en masse
Si bien qu'elle prit l'air d'un gibier des marais:
Tant va l'autruche à l'eau qu'elle feint la bécasse.

C'est ce que les hommes de science appellent le mimétisme. Inventé par Cham et Léon, ce procédé, très en faveur en Allemagne pour décorer les voitures, les maisons, les gens et la campagne environnante, a beaucoup perdu de son intérêt depuis que l'exportation germanique branle dans le manche.

[1] Bien entendu, les mêmes resservaient tous les matins. C'est pourquoi l'autruche est très économique.

DIES IST EIN ANDRER STRAUSSENSTREICH

Pamela war ein Strauß, im Senegal geboren,
Bekannt ihr Vater war so wie ein bunter Hund,
Die Mutter, wie man sagt, war bildhaft schön und rund,
Pamela hatte Charme, das war schon unverfroren.

Sie schaukelte beim Gehn, ihr Anblick war Genuß.
Zur Sunda-Insel einst sie reiste, als sie jung.
Ein dicker Radjah dort, verführt von ihrem Schwung,
Vermacht' ihr ein Geheg und einen Famulus.

Der Nagel[1], der aus Stahl, den naschte sie sehr gern.
Sie fraß das kiloweis', Pamela war modern.
Dann ging sie an den See und schwamm, dem Bückling gleich.
Seevögel massenhaft bevölkerten den Teich,
Für Moorwild hielt man sie, doch mochte sie das nicht:
So klug der Strauß nicht ist und endet im Gedicht.

Die Männer der Wissenschaft nennen so etwas Mimikry oder Anpassungsvermögen. Dieses Verfahren, von Cham und Léon erfunden und in Deutschland sehr beliebt, um Autos, Häuser, Menschen und die umgebende Landschaft zu schmücken, hat viel von seiner Anziehungskraft verloren, seitdem der deutsche Export auf wackligen Beinen steht.

[1] Selbstverständlich wurden jeden Morgen dieselben Nägel neu aufgetischt. Deshalb ist der Strauß auch sehr sparsam zu halten.

CE QUE L'ON APPELLE: LE FAIRE À L'ELBROUZ

Le halo de la lune, en un ciel de printemps,
Éclairait la cabane endormie sur la route,
Et le tanneur valaque, en mâchant une croûte,
Reprisait un vieux sac laissant passer le tan.

Le Caucase lointain, giflé par les autans,
Dressait ses verts sommets que l'isard peuple et broute.
Le Russe, ancien fuyard de l'armée en déroute[1]
Qui aidait le tanneur aux labeurs éreintants,

Vidait un carafon de vodka dans la cave,
Et, sur un vieux réchaud, se cuisait une rave.
Il trouvait la vie belle et chantait des chansons.

Et moi, je contemplais le ciel pur, en extase
Devant la symphonie de la neuve saison:
Tan, valaque, russe, halo, carafon et Caucase . . .

[1] Il s'agit d'un Allemand naturalisé Russe qui s'était battu contre les Russes avec les Allemands quand les Allemands étaient entrés chez les Russes et qui était resté avec le Valaque, qui vivait au pied du Caucase, quand les Russes avaient chassé les Allemands.

MAN NENNT DAS: WIE IM ELBRUS

Der Hof des Mondes bleich am Frühlingshimmel steht,
Beleuchtet eine Hütt', ne Art Einsiedelei,
Ein Gerber sitzt darin, der aus der Walachei.
Er flickte einen Sack, die Beize floß diskret.

Der ferne Kaukasus, von Winden wild gepeitscht,
Zeigt seiner Gipfel Grün, dort wo die Gemse grast,
Der Russe, der einst floh aus Frankreichs Heeresknast[1]
Und nun dem Gerber hilft, die Brühe schnell
vermaischt.

Er leert sein Wodkaglas im dunklen Kellerloch,
Stellt an den Herd sich dann, versuchte sich als Koch.
Er fand das Leben schön, drum sang er ein Chanson.

Zum Himmel sah ich auf, war voller Zuversicht
Vor dieser Symphonie der neuen Spielsaison:
Der Gruß der Walachei den Kaukasus bestícht.

[1] Es handelt sich um einen Deutschen, der die russische Staatsangehörigkeit angenommen, zuvor aber mit den Deutschen gegen die Russen gekämpft hat, als die Deutschen bei den Russen eingefallen sind und der nun bei dem Gerber aus der Walachei hängengeblieben ist, welcher am Fuße des Kaukasus lebte, als die Russen die Deutschen verjagt haben.

GRUELLE AVENTURE

L'oiseau gris pâle et dont le vol est une danse
Appelé grue, volait un jour dans le ciel pur
Et se soûlait d'air frais, de vitesse et d'azur.
Le vent berçait sa course et sifflait en cadence.

L'oiseau gris métallique alors là-haut s'élance,
Et, vrombissant de tout son ventre d'acier dur,
Monte et suit une ligne aussi raide qu'un mur,
Crachant le feu, fou de colère et de puissance.

La douce bête alors décida de le suivre,
Elle a volé si haut dans l'éther qui l'enivre
Que ses os délicats se sont rompus d'un coup . . .

Et l'océan bientôt baisa sa tête lasse,
Et son corps disparut dans un léger remous:
Tant va la grue là-haut qu'à la fin l'aile se casse.

Il ne fallait pas, grue, s'y fier . . .

KRANSAMES ABENTEUER

Der Vogel grau und bleich, der eher tanzt als fliegt
Und den man Kranich nennt, flog hoch am Himmel
mal.
Er tankt dort frische Luft, für ihn ein Bacchanal.
Der Wind im Rhythmus pfiff und seinen Gleitflug
wiegt.

Der Vogel aus Metall schwingt grau sich jetzt empor.
Mit seinem harten Bauch aus Stahl, der brummt und
spannt,
Folgt steigend einem Strahl, der starr wie eine Wand,
Er spuckt das Feuer aus, als wärs ein Meteor.

Das sanfte Tier darauf beschloß zu folgen ihm,
Es flog im Äther hoch gleich einem Cherubim,
Sein zarter Gliederbau hielt das jedoch nicht aus.

Es war der Ozean auf seinen Kopf erpicht,
Sein Körper schwand dahin in lärmendem Gebraus;
Der Kranich fliegt solang, bis ihm der Flügel bricht.

Du hättest nicht darauf vertrauen dürfen . . . »grue, s'y fier« = crucifier (kreuzigen), so daß der Satz dann zu übersetzen wäre mit »Du hättest nicht kreuzigen dürfen«.

LE FOU TRIQUAIT

Un fort vilain bonhomme, au bord d'un lac d'azur,
Vivait en récoltant le miel de ses abeilles.
Sa tante lui faisait la tambouille à merveille
Et sa cousine entretenait son linge mûr.

Un jour, il devint fou. Ça, c'était un coup dur.
Enivré d'avoir bu trop de jus de la treille,
Il saisit sa parente, et brute sans pareille,
Il la jeta dans l'eau. La ruche, c'était sûr,

Prit le même chemin. Passant à la cousine,
Il la coince en un coin de la vaste cuisine,
Puis, d'un coup bien placé, la déflore soudain,

La moleste, surtout sa vérole lui passe,
Et meurt . . . Et le bilan fut fait le lendemain:
Tante au lac, ruche à l'eau, gale enfin! Quelle casse!

DER IRRE VÖGELTE

Ein ganz gemeiner Kerl am Ufer eines Sees
Von Honig lebte, den sein Bienenvolk ihm gab.
Die Tante kochte ihm, zu gut für diesen Knab',
Und die Kusine wusch die Hemden des Roués.

Dann wurde er verrückt. Das war ein harter Schlag.
Als er betrunken war vom vielen Rebensaft,
Packt die Verwandte er und warf sie voller Kraft
Ins Wasser, wo schon bald der Bienenkorb auch lag.

Und nach der Tante kam die Base an die Reih',
Er treibt sie in ein Eck, plant eine Schurkerei,
Und dann mit einem Stoß hat er sie defloriert.

Sie hängt' ihm schließlich an die Syphilis, dem Wicht,
Und starb . . . Am nächsten Tag hat man dann bilanziert:
Solang die Tante ruht, verliert sie kein Gewicht.

POISSON VIOLANT

Un cachalot, grand amateur de pucelages,
Jouit dans tout l'Océan de la réputation
D'un vieux libidineux tout rongé de passions.
– »Dès que non loin de vous son aileron surnage,

À Neptune, aussitôt, promettez d'être sages«
Disaient à leurs enfants tous les parents poissons.
Mais un dauphin, rempli de détermination
Bondit un jour contre le monstre avec courage.

Hélas, il est traqué par son rude adversaire
Et ne peut résister à l'immonde corsaire:
Il subit, sort cruel, un outrage odieux.

Et puis la mer sereine engloutit sa carcasse
Toute démantelée par le supplice affreux:
Tant viole cachalot que le dauphin trépasse.

C'étaient un cachalot mâle et un dauphin femelle. Le contraire eût été beaucoup moins dangereux pour le dauphin et beaucoup moins agréable pour le cachalot.

NOTZUCHTFISCH

Ein Pottwal, der so gern Entjungferung betrieb,
Genoß im ganzen Meer den zweifelhaften Ruf,
Ein Lüstlingsmolch zu sein, ein Leidenschaftsvesuv.
»Sobald in deiner Näh' der Pottwal macht: piep, piep!

Versprich Neptun sogleich ganz brav zu sein«, spontan
Empfahlen ihrem Kind die Eltern namens Fisch.
Doch ein Delphin, er war ein wenig prahlerisch,
Sprang eines schönen Tags das Ungeheuer an.

Ihn leider drauf verfolgt sein Gegner, der so hart,
Er bietet dem Pirat nicht Trotz noch Widerpart.
Erleidet, welch ein Los, 'nen Schimpf, der schändlich ist.

Das Meer verschlingt ihn dann, es ist auf ihn erpicht,
Und er ist ganz zerstört durch diesen schlimmen Zwist:
Der Pottwal bumst solang, bis der Delphin zerbricht.

Es war ein männlicher Pottwal und ein weiblicher Delphin. Das Gegenteil wäre für den Delphin bei weitem nicht so gefährlich gewesen und für den Pottwal bei weitem nicht so angenehm.

DEKLINATIONEN
(DÉCLINAISONS)

MA MUSE

Voilà cent ans, cher Soulary, tu croyais juste
De ceindre de maint busc le corps souple et charmant
De ta Muse, et contraire à l'ordinaire amant
Voulais pour ta maîtresse un appareil vétuste.

Si la femme féconde à la grâce robuste
Vit souvent de sa chair le mol affaissement
Si la distension de tous ses ligaments
Fit pendre son nombril et s'écrouler son buste

Ce siècle est révolu. L'oisiveté cruelle
N'entraîne plus la mort de la beauté des belles
Nos jours ont retrouvé le secret du printemps.

Notre Égérie pratique aussi la gymnastique
Et le massage sait lui rendre en peu de temps
Son ventre plat, sa ligne et ses seins élastiques.

MEINE MUSE

Vor hundert Jahren schon hieltst du für akkurat,
Den sanften Musenleib ins Fischbein einzupressen,
Mein lieber Soulary. Du wolltest für Mätressen
– zum feinen Unterschied – gebrauchten Apparat.

Als dann die reife Frau, robust, doch nach und nach
Erlebte, wie ihr Fleisch zerlief in weichen Wogen,
Als ihre Bänder sich nach allen Seiten bogen,
Ihr Nabel niederhing, die Brust zusammenbrach:

Die Zeiten sind vorbei. Der grause Müßiggang,
Er schleppt nicht mehr den Tod der Schönen
Schönheit nach.
Des Frühlings Wunderkraft braucht nicht mehr zu
ermatten.

Der Kluge praktiziert gehörig die Gymnastik.
Und die Massage kann ihr rasch zurückerstatten
Figur und flachen Bauch und ihrer Brust Elastik.

DE MA MUSE

De ma Muse diverse à la veine féconde
Je veux conter ici les désirs et les goûts.
Tantôt elle aime à s'envelopper d'un bagout
Digne du camelot, d'une vaine faconde.

Tantôt parée soudain des gemmes de Golconde
D'un précieux langage elle veut le ragoût
Mais parfois se vautrant dans quelque sale égout
Il lui plaît une crasse à nulle autre seconde

De son état dès lors j'agis en conséquence
Et pour lui arracher des rimes la séquence
Tantôt je la rudoie, tantôt à son chevet

Mollement allongé, mes vers polis la louent.
À la campagne, ainsi, pour cueillir le navet
Certains montent à l'arbre et d'autres le secouent.

VON MEINER MUSE

Ich will erzählen hier von Wünschen und Begehren,
Wie fruchtbar doch die Ader meiner Muse ist!
Zuweilen übt sie sich als Zungenparodist,
Marktschreierisch mit aufgeblasnen Lehren.

Zuweilen tönt, preziös, ein Reiz aus ihrem Munde,
Als sei sie jäh geschmückt mit künstlerischer Gemme.
Doch manchmal wälzt sie sich in schmutziger
Kaschemme,
Gefällt ihr nur der Dreck in jeglicher Sekunde.

In diesem Zustand muß ich mich in sie verbeißen,
Und um ihr nach und nach die Reime zu entreißen,
Faß ich sie an, bald hart, bald liegend auf dem Rücken.

Es preist, weich hingestreckt, mein glatter Vers sie
kühn.
Sie steigen auf dem Land, um Rüben abzupflücken,
Die einen auf den Baum, die andern schütteln ihn.

À MA MUSE

Pourquoi me souffles-tu toujours des âneries
Je ne t'ai point traitée comme vile putain
Tu me fais un beau vers, je l'écris, puis soudain
À l'improviste, tac! c'est la plaisanterie

Le mauvais calembour, la plate pitrerie
De plus ou moins de goût. Je pencherais pour moins.
Ça rappelle Diogène en habit de gandin
Pascal en chansonnier disant des rosseries

Beethoven dans un champ jouant du mirliton,
Paul Claudel au sabbat chevauchant un bâton
Un mauvais rebouteux guérissant Hippocrate

C'est, chantant un air swing, Marcel Cachin tout nu
Pie douze en l'appareil d'un grand diable cornu . . .
C'est un chapeau de clown sur le chef de Socrate . . .

AN MEINE MUSE

Warum nur flüsterst du mir Eseleien ein?
Ich habe dich doch nicht als Nutte stets behandelt.
Du gibst mir schönen Vers, ich schreibe ihn,
verwandelt:
Ganz unvermutet, peng! sind es nur Witzelein.

Ein faules Possenstück, ein glatter Hanswurstspaß,
Geschmacklos bestenfalls. Ich weiß. Es tut mir leid.
Das ist Diogenes im bunten Geckenkleid,
Pascal als Chansonnier, der Albernheiten las.

Beethoven auf dem Feld, der eine Flöte schnitt,
Claudel am Sabbat, der auf einem Stecken ritt,
ein schlechter Doktor, der Hippokrates kuriert.

Das ist, im Swinggesang, Pius der Zwölfte, nackt,
Ein sanfter Schwadroneur im großen Teufelspakt,
Ein Clownshut, der das Haupt des Sokrates verziert.

PAR MA MUSE

Par ma Muse, je sus le secret du succès
Elle me dit: Chéri, le faîte de la gloire
Reste inchangé depuis les aubes de l'histoire
Il n'en va point ainsi de nos moyens d'accès

Certains, se consumant en dangereux excès
Tentent d'y arriver en rêve, et sans le croire
Mènent leur âme lasse en la nacelle noire.
Crève ce rêve creux comme on crève un abcès

Il y a deux façons d'accéder au Parnasse
Ou bien, sans sac ni guide, au mépris des crevasses
Gravir ses flancs, risquer cent fois de succomber

Ou comme Abou-Hassan flottait sur sa carpette
Partir en avion sans tambour ni trompette
Ouvrir son parachute et s'y laisser tomber . . .

DURCH MEINE MUSE

Durch meine Muse kam mir des Erfolgs Geheimnis,
Sie sagte: Liebling, du, vom Anfang aller Zeiten
Bleibt unveränderlich des Ruhmes höchste Keimnis.
Doch so verhält sichs nicht mit unsren Möglichkeiten.

Ein mancher zehrt sich auf in schrecklichen Exzessen,
Versucht ans Ziel zu gehn im Traum, er glaubt es nicht:
Er führt im schwarzen Kahn die Seele ins Vergessen.
Stech auf den hohlen Traum, wie ein Geschwür man sticht.

An Arten gibt es zwei, auf den Parnaß zu kommen:
Die, sack- und führerlos, der Schrunden unbenommen,
Die Hänge aufzugehn, in Stürze ein sich lassen,

Und: wie der kleine Prinz auf seinem Teppich liegen,
Im Flugzeug still und leis auf das Gebirge fliegen,
Den Fallschirm öffnen und sich einfach fallen lassen.

LE DER DES DER

Ainsi, je célébrais des vierges adorables
Des baisers passionnés, des appas turgescents
Je chantais de l'amour les tournois indécents
La danse et les plaisirs et les temps favorables

Ma Muse me prêtait son corps si désirable
Et je le pelotais. J'étais assez pressant . . .
Ha! Mais ma femme entra soudain, me paraissant
Fort en colère. Humblement je courbai le râble

»Coquin! Tu me trompais sous mon toit! Vil sauteur
Je te croyais poète et tu n'es qu'un menteur (?)[1]
Attends! Je vais t'ôter désormais toute envie . . .«

Elle a pris ses ciseaux, ma Muse a pris le deuil
Je suis chantre châtré, je fais des vers sans vie . . .
C'est la fin, je le sens . . . jusqu'au prochain recueil.[2]

1 Note de l'auteur.
2 Le temps que ça repousse.

DER LETZTE DER LETZTEN

Zur Feier wollte ich den Jungfraun dies bereiten:
Der Küsse Leidenschaft, der Reize Elixiere,
Ich sang der Liebe unanständige Turniere,
Der Liebe Tanz und Lust und ihrer schönen Zeiten.

Und meine Muse gab mir ihren Leib zu drücken.
Ich herzte, koste ihn, war ziemlich handgemein.
O weh, ganz unverhofft kam meine Frau herein:
Mir schien, sie war in Zorn. Ich bückte meinen Rücken.

»Du Schuft betrügtest mich! Verworfenes Gelichter!
Am End bist du ein Lügenbold und gar kein Dichter?[1]
Ich sorge schon dafür, daß dir die Lust vergeht.«

Sie nahm die Schere her, da trug die Muse Trauer.
Ich Sänger bin kastriert, mach Verse ohne Dauer.
Das ist das Ende nun, bis ihr mich wiederseht.[2]

[1] Anmerkung des Autors.
[2] Bis es nachgewachsen ist.

IN BALLADENFORM

(EN FORME DE BALLADES)

BALLADE PESSIMISTE

Au temps jadis, des gelinottes
Des pâtés, des filets mignons
Des coqs fricassés en cocotte
Avec du lard et des oignons
Des langues, tripes et rognons
Je consommais en abondance
Plats d'autrefois, mes compagnons
Il n'en est plus un seul en France

De reines-claudes; de griottes
De pêches, poires et brugnons
L'été je remplissais ma hotte.
Je ramassais des champignons
Le soir sur un feu de pignons
Cuisait le chou dans sa fragrance
Du chou! J'en voudrais le trognon
Il n'en est plus un seul en France

De foin se garnissaient les bottes
Et l'on se moquait du guignon
La voiture ignorait la crotte
Et la société le grognon
Duc, voleur, marquis, maquignon
Des flacons tous tâtaient la panse

PESSIMISTISCHE BALLADE

Einst verzehrte ich mit Lüsten
Krosse Haut von Hühnerbrüsten,
Hähnchen, Zwiebeln, Speck, Tomaten
In der Pfanne gar gebraten,
Zungen, Kutteln, saure Nieren,
Rücken, Brust von andren Tieren:
Leibgericht, von früher her,
Keines gibts in Frankreich mehr.

Kirsche, Apfel, Birne, Pflaume,
Reineclaude von dem Baume,
Lauter gute schöne Dinge.
Und ich suchte Pfifferlinge.
Abends sott in freier Luft
Kohl in seinem feinen Duft.
Einen Strunk nur wünscht ich sehr.
Keinen gibts in Frankreich mehr.

Stiefel schmückten sich mit Heu,
Und das Glück war jedem treu.
Autos kümmerte kein Kot,
Die Gesellschaft kein Gebot.
Herzog, Graf und Pferdedieb
War die runde Flasche lieb.

Las! de Bordeaux ou Bourguignon
Il n'en est plus un seul en France

Envoi

Prince, de Flandre en Avignon
Cherchez un cœur plein d'espérance
Vous pouvez mettre vos lorgnons
Il n'en est plus un seul en France.

Ob Burgunder, ob Bordeaux,
Nichts mehr ist in Frankreich so.

Zueignung

Prinz von Flandern, hohes Tier,
Sucht ein Herz voll Hoffnung mir!
Nehmt sogar die Brille her!
Keine gibts in Frankreich mehr.

BALLADE DES MARCHÉS OBSCURS

À vous, messers les proufícteurs de guerre
Les mercantis, les villains traffiquans
Les fabricans de gasteaux à la terre
Voleurs, pillards, tous effrontez croquans
J'aymerais voir au col de lourds carcans
Craignez qu'un jour le peuple vous punisse
Allez, feignez des regrets convaincans!
Et, priant Dieu que la guerre finisse
Priez Satan que dure cent cinq ans.

Grasse truande aux tres-laydes manières
Qui remplacez par des bijoux clinquans
Le bel esprict des dames de naguère,
Vous connaistrez des piques les piquans
Recouvrez-les, ces corps lourds et choquans
De laine fine et de doulce pelisse
Impregnez-les de parfums suffocans
Mais priant Dieu que la guerre finisse
Priez Satan que dure cinq ans.

Mourez de faim, nos enfans et nos mères
Roulez sur l'or taverniers fabriquans
De tord-boyaux à cinq louis le verre
Tombez, blessez, infirmes claudicans

BALLADE VON DEN DUNKLEN MÄRKTEN

Ich wünsche euch, ihr Kriegsgewinnler,
Gemeine Schieber, schnöde Händler.
Ihr Fabrikanten, falsche Magen,
Ihr Diebe, Plündrer, Ruheständler,
Das schwere Eisen an den Kragen!
Euch straf das Volk für Dividende,
Los, heuchelt nur, daß ihr erschauert,
Gott bittet ihr um Krieges Ende
Und Satan, daß er ewig dauert!

Ihr fetten, frechen Gaunerinnen,
Die ihr durch Talmi Schmuck ersetzt,
Den schönen Geist erwählter Weiber,
Ihr lernt die Stiche kennen jetzt,
Hüllt nur die schweren, wüsten Leiber
In drückendes Parfüm behende
Und euch in sanfte Pelze kauert!
Gott bittet ihr um Krieges Ende
Und Satan, daß er ewig dauert!

Krepiert vor Hunger, Kinder, Mütter.
Wälzt euch auf Gold, ihr Fabrikanten,
Von Racheputzern für drei Groschen,
Fallt hin, verletzt euch, Querulanten,

Tombez toujours, nul emploi n'est vacant
Pour l'innocent que dégouste le vice
Et vous, volez, volez en vous moquant
Mais, priant Dieu que la guerre finisse
Priez Satan que dure cent cinq ans.

Envoy

Prince, vous estes riche en escroquant
Mais j'attendray longtemps l'heure propice
Pour vous crever ce ventre provocant
Donc, priant Dieu que la guerre finisse
Priez Satan que dure cent cinq ans.

Fallt hin auf eure dreisten Goschen!
Der Brave fällt in eure Hände,
Ihr lacht, wenn ihr auf Beute lauert.
Gott bittet ihr um Krieges Ende
Und Satan, daß er ewig dauert.

Zueignung

Ihr Prinz, seid reich durch Dividende.
Ich aber auf die Stunde laure,
Euch hinzumähn durch meine Hände.
Bittet ihr Gott um Krieges Ende,
So Satan, daß er ewig daure.

BALLADE DES AMOURS PASSÉES

Amours légères, jeux charmants
Tendres propos, douces promesses
Où êtes-vous, ô mon amant
Et vos baisers et vos caresses
Grands sont devenus ma tristesse
Et mon chagrin depuis des mois
Jours lumineux de sa tendresse
Vous êtes allés loin de moi.

En mon très âpre dénûment
Je pleure et lamente sans cesse
Mais ce n'est qu'un amer tourment
De pleurer seule ma faiblesse
Ami si cher, point ne me laisse
Car tant cruel est mon émoi
Bonheur, jeux et ris et liesse
Vous êtes allés loin de moi.

Ainsi va-t-il des beaux serments
D'un coup de son aîle traîtresse
Malheur navre les cœurs aimants
Il a consommé ma détresse
Aussi la santé me délaisse
Mon teint semble d'un Siamois

BALLADE VON DEN VERFLOSSENEN LIEBSCHAFTEN

Leichte Liebschaft, hübsche Spiele,
Zarte Worte, süße Ziele,
Wo, mein Schatz, bist du geblieben,
Deine Küsse und dein Lieben?
Groß seit Monden ist mein Kummer
Und ich finde keinen Schlummer.
Helle Tage, eng umfangen,
Weit seid ihr von mir gegangen.

In den bitterlichsten Nöten
Weine, klage ich betreten.
Außer meiner gibt es keinen
Meine Schwäche zu beweinen.
Laß mich nicht allein, mein Lieber,
Denn so grausam ist das Fieber.
Spiele, Lachen, Glück, Verlangen:
Weit seid ihr von mir gegangen.

Ach, so gehts mit schönen Schwüren:
Unglück tät die Flügel rühren
Und zerreißt mit großen Schmerzen
Alle diese teuren Herzen.
Nimmermehr mag ich genesen,
Gleiche einem Siamesen.

Beauté, corps souple et gentillesse
Vous êtes allés loin de moi.

Envoi

Prince, ouvre-lui ta forteresse
Libre fais-le comme chamois
Car demain, je dirai: jeunesse
Vous êtes allée loin de moi.

Schönheit, Körper, zarte Wangen,
Weit seid ihr von mir gegangen.

Zueignung

Prinz, nun öffne deine Bremse,
Mach sie frei wie eine Gemse.
Jugend, sage ich voll Bangen,
Du bist weit von mir gegangen.

BALLADE DE L'AN QUARANTE

I

Or dansions sur la corde raide
François, mes joyeux compagnons,
Dans le duvet d'une vie tiède
Endormys comme bons couillons.
Sur la rue nous avions pignon,
Sur les genoulx, fille odorante . . .
Lors, rongeant un maigre quignon
Souvenons-nous de l'an quarante . . .

II

Prismes nos lames de Tolède . . .
Tout pour nos sénéchaulx mignons
Ira comme sur Déroulède,
S'il faut en croire l'opinion
De sainte Odile. Ha! mon lorgnon!
Nostre victoire fulgurante,
Où es-tu? Voués aux trognons,
Souvenons-nous de l'an quarante . . .

BALLADE AUS DEM JAHRE VIERZIG

I

Wir tanzten auf dem strammen Seile,
Gefährten ihr, hoch über Treppen,
Im Flaume eines milden Lebens,
Und schliefen ein wie gute Deppen.
Ein Haus besaßen wir im Städtchen
Und auf dem Knie ein nettes Mädchen.
Ein Kanten Brot: denkt immerdar
Wie es im Jahre vierzig war.

II

Die Klingen aus Toledo: Prismen.
Für unsre kleinen Seneschallen,
Wenn wir der Meinung glauben dürfen,
Löst alles sich in Wohlgefallen.
Der heiligen Odilie
Gehört des Sieges Lilie!
Wo bist du denn? Denkt immerdar
Wie es im Jahre vierzig war.

III

Nostre élan nous menoit en Suède
Mais devant nous, le fanion
Du général qui nous précède
Penche plutost vers Avignon . . .
En une rare communion
De pensées, nostre masse errante
Fuit, chargée sur des camions.
Souvenons-nous de l'an quarante . . .

Envoy

Prince, nous sommes par guignon
Tombés sur un ost, et, mourante
La France agite ses moignons . . .
Souvenons-nous de l'an quarante . . .

III

Nach Schweden führte unser Zug,
Jedoch das große Fahnentuch
Des Generals, der vor uns geht,
Nach Avignon hinunterweht.
Im seltnen Bunde der Idee
Flieht unsre irrende Armee
Auf LKWs. Denkt immerdar
Wie es im Jahre vierzig war.

Zueignung

Wir müssen, Prinz, uns nun befleißen,
In einen harten Knochen beißen,
Denn Frankreich stirbt. Denkt immerdar
Wie es im Jahre vierzig war.

BALLADE DE NOTRE GUERRE
ou: AUX CERCUEILS, LES POTES!
(sous-titre à Julot)

Ça dure un bout de temps déjà
Mais c'est raté, tout à refaire
Certains pour qui rien ne changea
Qui n'ont jamais voulu s'en faire
Et bâfrent comme père et mère
Vont trouver ça décourageant
Mais on pourra pas s'y soustraire
La guerre, c'est fait pour tuer les gens.

On ne trouve plus de Roja
Mais on n'est pas tous sous la terre
Il siérait que ça s'arrangeât[1]
Allons, les gars, on est tous frères
Laissez vos fringues, vos moukères
Si l'appétit vient en mangeant
La mort vient en faisant la guerre
La guerre, c'est fait pour tuer les gens.

Déjà Satan nous corrigea
Mais tout bénin, molo, pépère . . .
On peut dire qu'il nous arrangea.

[1] dirait la baronne

BALLADE VON UNSEREM KRIEG
oder: IN DIE SÄRGE, KAMERADEN!
(Untertitel für Julot)

Das findet nun schon eine ganze Weile statt,
Es ist verpatzt, daß es von vorn beginnen sollte.
Ein mancher, dem sich nichts geändert hat
Und der sich nie draus etwas machen wollte,
Der sich wie Vater und wie Mutter überfrißt,
Dem alles dieses ziemlich scheußlich ist:
Sich dem entziehen, wird ihm nicht gelingen,
Der Krieg ist da, um Leute umzubringen.

Schon gibts kein Rojas mehr für Freie und für Fromme,
Noch aber sind mitnichten wir unter der Erde.
Doch es geziemte sich, daß das in Ordnung komme[1],
Frisch auf denn, Jungs, gesamte Bruderherde,
Laßt Weiber und Klamotten fahren, was nichts frommt,
So wie der Appetit beim Essen kommt,
So kommt der Tod beim Völkerringen.
Der Krieg ist da, um Leute umzubringen.

Der Satan hat uns schon zurechtgewiesen,
Ganz harmlos allerdings, ganz sachte und gelassen.
Er hatte recht, er sei dafür gepriesen,

[1] würde die Baronin sagen

On s'est tout juste un peu fait traire
Pas comme une vache, au contraire,
Elle, on lui prend pas son argent.
Malgré qu'on râle, faut se distraire,
La guerre, c'est fait pour tuer les gens.

Envoi

Prince, à force d'entendre braire,
Je trouve ça devient rageant
Où sont nos charniers de naguère?
La guerre, c'est fait pour tuer les gens . . .

Wir haben uns ja nur ein bißchen melken lassen.
Doch nicht wie eine Kuh, im Gegenteil,
Ihr nimmt man nicht das Geld derweil.
Auch wenn man motzt, um allem zu entspringen,
Der Krieg ist da, um Leute umzubringen.

Zueignung

Ach, Prinz, ich höre Brüllen ringsumher.
Das alles, finde ich, erzürnt mich sehr.
Die alten Leichenhaufen uns umringen:
Der Krieg ist da, um Leute umzubringen.

RÉFÉRENDUM EN FORME DE BALLADE

Combien j'ai douce souvenance
Des concerts de jazz de jadis
Hawkins! tu nous mettais en transe . . .
Kaiser Marshall, balais brandis
Frôlant à gestes arrondis
L'airain vibrant sous la cadence . . .
Quatre printemps ont reverdi
Il n'y a plus de jazz en France.

Alors, on aimait l'ambiance
Et pas de rester assourdis
Par ces chorus en dissonance
Qui vous laissent tout étourdis.
Nos vieux thèmes sont enlaidis
Par des faiseurs pleins de jactance
Molinetti s'est enhardi
Il n'y a plus de jazz en France.

Weatherford, Briggs, et le Florence
Coleman, Wells, et toi, pardi
Le Duke à la jeune prestance
Sans vous, tout s'est abâtardi
Ça gueule et ça cherche midi
À quatorze heures. Sans défense

REFERENDUM IN FORM EINER BALLADE

Wie süß ist die Erinnerung
An Jazzkonzerte nächtelang.
Hawkins, du brachtest uns in Schwung,
Marshall dazu den Besen schwang
Und streifte sachte und geziert
Das Becken, das im Takt vibriert.
Vier grüne Lenze sind es her,
's gibt keinen Jazz in Frankreich mehr!

Wir liebten diese Jazzekstasen,
Doch ließen uns nicht niederzwingen
Von diesen dissonanten Phrasen,
Die uns gedämpft zu Ohren gingen.
Die alten Themen sind vorbei
Durch Macher voller Prahlerei.
Herr Molinetti ist so wer,
's gibt keinen Jazz in Frankreich mehr!

Teegarden, Parker, Joshy White,
Bix Beiderbecke, Buddy Lynn,
Der Duke in junger Stattlichkeit:
Nach euch hat alles keinen Sinn.
Das grölt herum, sieht Schwierigkeiten,
Wo keine sind, und ohne Gleiten

Le hot se traînasse, affadi
Il n'y a plus de jazz en France.

Envoi

Prince Ladnier, tu gis, raidi
Sous terre, et ton indifférence
A figé nos sangs refroidis
Il n'y a plus de jazz en France.

Schleppt sich der lahme Hot daher,
’s gibt keinen Jazz in Frankreich mehr.

Zueignung

Verehrter Prinz, steif liegst du da
Begraben, und weil nichts geschah,
Ist unser Herzblut starr und leer,
’s gibt keinen Jazz in Frankreich mehr.

AUS DER MODE GEKOMMENE NACHRICHTEN

(ACTUALITÉS DÉMODÉES)

ACTUALITÉS 1944

I. Petiot

Dès qu'on le sut, chacun se dit: c'est un vampire,
Le Landru 44, le grilleur du foyer
Malade, intoxiqué, sadique, dévoyé,
Empailleur de phallus . . . Et peut-être bien pire!

Mais voilà que soudain la vérité transpire
Des rabatteurs? Appelons-les des employés!
Petiot? dit la police. On s'était fourvoyés!
Un simple industriel du vol. Chacun respire . . .

Et s'il avait brûlé des gens intéressants?
Mais non! Des souteneurs, des barbeaux repoussants,
Des putains! D'habitude, on répand, en cuisine,

Des corps gras sur l'hareng qui rôtit. Le bourreau,
Bien plus fort que Vatel, dans sa nouvelle usine,
Fit son beurre en faisant griller le maquereau!

Bison Ravi
24. 3. 44

NACHRICHTEN 1944

I. Petiot

Sobald man es erfuhr, sprach jeder: ein Vampir,
Landru in diesem Jahr: der Röster am Kamin,
Mit Gift gefüllt und krank, sadistisch, falsch gediehn,
Ein Phallusspezialist, vielleicht sogar noch mehr.

Da nimmt mit einemmal die Wahrheit ihren Lauf.
Die Treiber unterwegs nur Angestellte sind.
Wer? sagt die Polizei. Wir haben uns geirrt.
Ein ganz normaler Dieb, Petiot. Man atmet auf.

Was hat er da verbrannt? Geschöpfe voller Ängste.
Nein, nein, Zuhälter sinds! Ganz ekelhafte Hengste
Und Huren! Hat dazu die Küche auserkoren.

Man glaubte, es sei Fleisch von Pferden, fett und dick.
Der Henker aber stand in seiner Röstfabrik,
Strich Butter in den Topf und ließ die Hengste
schmoren.

Bison Ravi
24. 3. 44

II. Sur la mort d'un homme en habit vert

Il s'est éteint, petite flamme . . .
Plus de jus! Vidé le bidon!
Gabriel lâche le guidon!
Charon l'attend avec sa rame.

Alors, on vit voler son âme.
(Hanotaux, vole, vole donc)
Un glas funèbre . . . Ding, ding, dong!
Tinte, et Clio déjà se pâme . . .

L'Académie en fait autant
Et chacun se signe, en ôtant
Son bicorne devant les roses,

Un peu jaloux, vilain défaut,
De te voir, tout mort et morose,
T'en aller tout seul, Hanotaux . . .

13. 4. 44

II. Über den Tod eines Mannes
in grüner Robe

Er ist erloschen, kleines Licht.
Kein Saft mehr! Ausgeleert der Wanst!
Gib's auf denn, Gabriel, wenn du kannst!
Des Charons Kahn tut seine Pflicht.

Die Seele, sieht man, fliegt dahin
(Maikäfer flieg, o flieg davon!)
Die Totenglocke läutet schon
Und Clio fällt in Ohnmacht hin.

Genauer tuts die Lehranstalt.
Es schlägt sein Kreuzchen jung und alt
Und zieht den Hut am Rosenhain.

Ein bißchen eifersüchtig, dich
Im Grab zu sehen, der verblich,
Und fortzugehen, ganz allein.

13. 4. 44

Un feu clair cligne son œil roux
Vers la peau d'ours à gueule chauve
Où, trois fois marquée d'ombre fauve
Elle dort, nue, les cheveux fous

La flamme lèche à petits coups
Ses ongles teints de laque mauve
Elle glisse, hésite, se sauve
Et se love au creux des genoux

Marquant les cuisses allongées
De mouchetures orangées
Elle ose un baiser pénétrant

Et la dormeuse, émue, s'étire
Elle arque ses reins palpitants
Et s'offre toute au gai satyre . . .

25 janvier 1944

Ein Feuer blinzelt augenklar
Zur Bärenhaut mit klarer Fresse.
Darauf, in wildem Schattenrisse,
Schläft sie, ganz nackt, mit wirrem Haar.

Die Flamme leckt mit Zungenschlag
Die Fingernägel, malvenrot.
Bevor sie abzugleiten droht,
Gekrümmt in ihre Knie sie lag.

Sie zeichnet in ihr schlankes Bein
Orangenfarbne Tupfen ein,
Wagt einen Kuß, der grundlos war.

Die Schläfrin streckt sich aus, erregt,
Sie biegt ihr Kreuz, das sich bewegt,
Und bietet sich dem Satyr dar.

25. Januar 1944

MUGITUSQUE BOUM[1]...

(Virgile)

Dès que le bœuf multiple des sirènes
A déchiré l'horizon de Paris
Gagne, passant, la paix de tes abris
Soumets-toi vite à ces clameurs urbaines.

Car il suffit à l'âpre souveraine,
La bombe grise au ventre lourd de cris,
Pour te changer en d'ignobles débris
D'un seul instant de fureur souterraine.

Descends dans l'antre impassible et discret
Vers l'ombre épaisse, où le bonheur, concret,
Pourra parfois remplir ta dextre habile,

Et, somnolent, roupille dans un coin
Au son d'une concierge volubile
Qui s'enhardit sitôt qu'Ils sont bien loin.

Bison Ravi
24. 3. 44

[1] mugitus: beuglement
que: et
boum: boum!

MUGITUSQUE BOUM[1]...

(Vergil)

Sobald der Ochse der Sirenen
Den Horizont zerrissen hat
Und einholt deine Zufluchtsstatt,
Ergib dich dem urbanen Dröhnen.

Denn es genügt den Souveränen
Die Bombe mit dem schweren Bauch,
Dich umzudrehn in Schutt und Rauch
In einem Augenblick der Tränen.

Steig ab in diese stille Grotte,
Worin das Glück dich, im Komplotte,
In deine schlauen Rechte setzt.

Döst in der Ecke vor sich hin,
Beim Ton beredter Pförtnerin,
Die kühn, wenn SIE sich abgesetzt.

Bison Ravi
24. 3. 44

[1] mugitus: Gebrüll
que: und
boum: bumm!

FAMILLE

Un mouton immaculé, si sage,
Broute l'herbe grasse aux brins tremblants . . .
Je suis là, pas loin de lui, troublant
Un petit poisson malin, qui nage . . .

Ça mord! Toc . . . je l'amène au rivage
Et le tends à l'animal bêlant.
– »Prends donc ce maquereau, ovin blanc! . . .«
– »Bêê!« dit-il, »tu fais un beau carnage!

»Où as-tu pris qu'on mange un parent?
– »Un parent? Mouton, tu es marrant.«
Vexée, la brebis bredouille et jure,

Puis s'explique, ayant repris haleine:
– »Crétin!« (j'encaisse en riant l'injure)
»C'est avec quoi qu'on fait les bas laine? . . .«

Commentaire: il est à noter que la baleine n'est pas du tout parente du maquereau puisque l'une est un mammifère et l'autre un poisson. Mais un mouton ordinaire peut bien ignorer ça sans qu'on lui en fasse grief. Moi, je le savais (voir 10e vers).

FAMILIE

Ein unbeflecktes Schaf, zum braven Sein bestimmt,
Verzehrt das fette Gras, das auf der Weide wächst.
Ich, gar nicht weit von ihm, ich habe mir verhext
Den kleinen schlauen Fisch, der dort im Wasser
schwimmt.

Schon beißt er an, pardauz! Ich bringe ihn heran
Und halte ihn dem Tier genau vor seine Kehle.
»So nimm denn, weißes Schaf, die zappelnde Makrele!«
»Bäh!« sagts, »du richtest hier ein schönes Blutbad an.

Wo hast du denn gelernt, daß man Verwandte frißt?«
»Verwandte? Liebes Schaf, wie du so blöde bist.«
Verärgert flucht das Schaf und stammelt ganz
geschwind,

Doch dann erklärt es sich, nachdem es Atem schöpft:
»Du armer Dirmel du«, (ich bin ganz zugeknöpft)
»erklär mir mal woraus die wollnen Socken (= Wale)
sind?«

Kommentar des Autors: Es bleibt anzumerken, daß der Wal keineswegs ein Verwandter der Makrele ist, da der eine ein Säugetier und der andere ein Fisch ist. Doch ein gewöhnliches Schaf braucht das nicht zu wissen, ohne daß man ihm das zum Vorwurf macht. Ich wußte es (siehe Vers 10).

TABLE

Hors Cadre

VERZEICHNIS

Aus dem Rahmen

Zazous

Sansonnets

En Cartes

45 Au fait
46 Leurre exquis . . .
47 Elégance
48 Chant des plus de 20 ans
49 Passage de tabac
50 Ersatz [Encore des ersatz]
51 L'ordre règne à . . .

Tartelettes Anodines

52 Simple histoire de bègue
53 Abîmes [Vert malachite ne profite jamais]
54 Art poétique
55 Trop polit pour être honnête
56 Le gaillard d'avant
57 Plein [Chasse d'eau]
58 Publicité
59 Au ban
60 Indécent sonnet
61 À Arthur
61 bis Voir 89

On m'a dit ça

62 Pastorale
63 Nocturne
64 Déconnante [Hippique]

Auf Karten

Alberne Törtchen

Man hat mir das erzählt

85 Riz pain selle
86 Force de l'oie
87 Quand le gaz part [Gaz houiller]
88 Chameau traces
89 Harmonie du soir [Harmonie presque révolutionnaire]
90 La faim des haricots
91 Ceci est une autruche-toire [. . . autre-uche toire]
92 Le faire à l'Elbrouz [Ce que l'on appelle: le faire à l'Elbrouz]
93 Gruelle aventure
94 Le fou triquait
95 Le poisson violant [Poisson violant]

Déclinaison

96 Ma Muse
97 De ma Muse
98 À ma Muse
99 Par ma Muse
100 Le der des der

En Forme de Ballades

101 Ballade pessimiste
102 Ballade des marchés obscurs
103 Ballade des amours passées

104 Ballade de l'an quarante
105 Ballade de notre guerre
106 Référendum en forme de ballade

Actualités Démodées

107 Actualités 1944 I. Petiot
108 Actualités 1944 II. Sur la mort d'un homme en habit vert [. . . d'un historien]
109 sans titre: [Un feu clair cligne son œil roux]
110 Mugistusque boum
111 Famille

Supprimés: 75 Double cock
88 Chapeau
89 La huche

ANHANG

ZWÖLF WEITERE LIEDER

LA JAVA DES CHAUSSETTES À CLOUS

Couplet 1

Très mutines, toujours accortes
Elles donnent à qui les porte
Une grâce virile et forte
Et toujours de très bon aloi
Dépouillées de toute équivoque
D'un noir d'encre, sans rien qui choque
Cuir de vache ou bien façon phoque
Elles prennent force de loi.

Refrain 1

Ce sont les chaussettes à clous
Compagnes chéries des chastes gendarmes
Oyez le plaisant vacarme
C'est là tout le charme
Des chaussettes à clous.

Voix: Gendarme Combaluzier
Avez-vous ciré vos godasses?
Voix: Oui brigadier.
Voix: Alors veillez à ne pas les gâter dans quelque colombin.

DER JAVA VON DEN GENAGELTEN SCHNÜRSTIEFELN

Couplet 1

Immer sauber und adrett
Tintenschwarz vom besten Fett
Scheint erstaunlich brav und nett
Wer sie voller Anmut trägt
Sehr gediegen – eventuell
Aus Ochsen- oder Seehundfell
Ohne Zweifel, ohne Fehl
Wird durch sie Gesetz geprägt.

Refrain 1

Genagelte Schnürstiefel
Unentbehrlich für den sanften Gendarm
Dämpfen sie alle Art von Alarm
Zu dem ureigenen Charme
Genagelter Schnürstiefel.

Stimme: Gendarm Combaluzier,
haben Sie ihre Botten gewichst?
Stimme: Jawohl, Brigadier.
Stimme: Dann achten Sie gefälligst darauf, sie sind
voller Taubenmist.

Couplet 2

Depuis l'aube au crépuscule
Ignorantes du ridicule
Elles portent à qui circule
Les conseils du simple bon sens
Pour régler les tristes querelles
Des voyous et de leurs donzelles
Elles dansent la tarantelle
Sur les pieds de tous les feignants.

Refrain 2

Ce sont les chaussettes à clous
Compagnes chéries
Des brillants gendarmes
Remède à toutes les larmes
C'est là tout le charme
Des chaussettes à clous.

Voix: Gendarme Edoux-Samain,
combien de contredanses avez-vous exécutées ce matin?
Voix: Cent treize, brigadier.
Voix: Gendarme, ce n'est guère!
Attention, on vous surveille!

Couplet 2

Vom Morgen- bis zum Abendrot
Sind sie erhaben über Spott
Und geben jedem Vollidiot
Gerade nur soviel Verstand
Um die ganzen Querelen
Der Strizzis und ihrer Mamsellen
Mit gestampften Tarantellen
Zu schlichten auf deren Hand.

Refrain 2

Genagelte Schnürstiefel
Unentbehrlich für den edlen Gendarm
Ersticken Sie jedwedes Gebarm
Mit dem ureigenen Charme
Genagelter Schnürstiefel.

Stimme: Gendarm Edoux-Samain,
wieviel Strafzettel haben Sie heute morgen ausgestellt?
Stimme: Hundertdreizehn, Brigadier.
Stimme: Ist ja reizend, Gendarm.
Reißen Sie sich zusammen, wir haben ein Auge auf Sie!

Couplet 3

Ustensiles fort sociables
Elles prennent un contact aimable
Avec l'œil ou avec le râble
Du badaud qui ne sert à rien
Réformant la jeunesse oisive
Elles font propagande active
Dans le ventre ou bien les gencives
Des crétins du Quartier latin.

Refrain 3

Ce sont les chaussettes à clous
Compagnes chéries des humbles gendarmes
Parure en même temps qu'arme
C'est là tout le charme
Des chaussettes à clous.

Voix: Gendarme Otis Pifre, vous avez de la cervelle sur votre chaussure gauche.
Voix: Excusez, brigadier . . .
Voix: La prochaine fois, essuyez-vous aux cheveux du prévenu.

Couplet 3

Ihre Psyche kann entzücken
Ihr Kontakt, der kann beglücken
Manches Auge, manchen Rücken
Eines Gaffers, den man streng
Genommen nie gebraucht
Ach, Jugend von heute! kennt man auch!
Einen Tritt in Eier und Bauch
Dieser Kretins vom Quartier latin.

Refrain 3

Genagelte Schnürstiefel
Unentbehrlich für den netten Gendarm
Schmuck wie Waffe im starken Arm
Das ist der ureigene Charme
Genagelter Schnürstiefel.

Stimme: Gendarm Otis-Pifre,
Sie haben Gehirn an Ihrem linken Schuh.
Stimme: Entschuldigen Sie, Brigadier . . .
Stimme: Das nächstemal wischen Sie das an den
Haaren des Angeklagten ab.

Couplet 4

Très discrètes, c'est sans histoires
Pendant les interrogatoires
Qu'elles aident ceux du prétoire
De leur poids et de leur sagesse
Respectant toujours la cadence
Elles brisent joyeuse danse
Les tibias et la résistance
Des malfrats vaincus qu'on confesse.

Refrain 4

Ce sont les chaussettes à clous
Des juges si doux, zélés auxiliaires
Calmez toutes vos alarmes
Vivons sous le charme } bis
Des chaussettes à clous.

Couplet 4

Lauter stets und stets diskret
Nehmen still sie ins Gebet
Jene, wo sonst nichts mehr geht
Und mit angemess'nem Takt
Brechen Sie die Freudentänze
Schienbeine und Widerstände
Der besiegten Delinquenten
Weg bloß mit dem ganzen Pack!

Refrain 4

Genagelte Schnürstiefel
Ein willfähriges Vollzugsorgan
Ersticken Sie all unsern Gram
Ach! laßt's uns wohl sein unterm Charme
Genagelter Schnürstiefel.

(Ersticken Sie … Schnürstiefel: 2 ×)

UNE BONN' PAIRE DE CLAQUES

1

Quand on est tout blasé
Quand on a tout usé
Le vin l'amour les cartes
Quand on a perdu l'vice
Des bisques d'écrevisses
Des rillettes de la Sarthe
Quand la vue d'un strip-tease
Vous fait dire: Quelle bêtise!
Vont-ils trouver aut'chose
Il reste encore un truc
Qui n'est jamais caduc
Pour voir la vie en rose.

Une bonn' paire de claques dans la gueule
Un bon coup d'savate dans les fesses
Un marron sur les mandibules
Ça vous fait une deuxième jeunesse
Une bonn' paire de claques dans la gueule
Un direct au creux d'l'estomac
Les orteils coincés sous une meule
Un coup d'latte en plein tagada
Ça enterre tout, la drogue es l'aspirine

EIN PAAR SCHLÄGE IN DIE FRESSE REIN

1

Wenn man aufgeblasen schielt
Wenn man alles durchgespielt
Karten, Liebe, Wein
Wenn man nichts mehr richtig schmeckt
Weder Krebssuppe mit Sekt
Oder Schmalz vom Schwein
Wenn man nörgelnd Whisky nippt
Während eine Dame stript
Wird nichts Neues sich ergeben
Da bleibt nur ein Trick für sie
Der versagte bislang nie
Um das Leben wieder gern zu leben.

Ein paar Schläge in die Fresse rein
Gutgezielter Arschtritt voller Schwung
Und ein Hieb aufs Nasenbein
Läßt dich träumen und hält jung
Ein paar Schläge in die Fresse rein
Rechts, links, Leberhaken bitte
Deine Zehen quetscht ein Mühlenstein
Und ein Kniestoß in die Körpermitte
Das wirkt besser noch als Rauschgift und Tabletten

Les épinards, la chnouf et la badoit
C'est bien plus bath que l'foie gras en terrine
Car c'est moins cher et ça n'alourdit pas
Une bonn'paire de claques dans la gueule
Et la vie reprend tout son prix
Chaque matin quand on se sent seul
Claquons-nous la gueule entre amis.

2

Quand elle a foutu l'camp
En emportant l'argent
Et la machine à coudre
En vous laissant l'évier
Plein d'vaisselle pas lavée
Et l'sel dans l'sucre en poudre
Quand vot'meilleur copain
Téléphone le lend'main
En disant: Viens la r'prendre
On ricane et l'on pense
Attend un peu Hortense
Qu'est-ce que tu vas prendre.

Une bonn' paire de claques dans la gueule
Un bon coup d'savate dans les fesses
Un marron sur les mandibules
Ça te f'ra une deuxième jeunesse

Das ist mehr als Selterswasser, Spinat, Sprit
Schöner noch als fette Leber und Kroketten
Macht das federleicht und Appetit
Ein paar Schläge in die Fresse rein
Links, rechts, daß das Leben wieder Sinn hat
Jeden Morgen, wenn man meint, allein zu sein
Hauen wir uns unter Freunden die Gesichter platt.

2

Wenn sie vor dir durchgebrannt
Alles Geld in ihrer Hand
Nähmaschine ebenfalls
Wenn sie dir nichts hinterlassen
Als den Berg dreckiger Tassen
Und im Zuckerfach das Salz
Wenn am nächsten Morgen dann
Ruft dein bester Freund dich an
Und sagt: hol sie, sie ist hier
Da grinst man zur Zimmerdecke
Wart nur, meine süße Schnecke
Diesmal zeig ich's dir.

Ein paar Schläge in die Fresse rein
Gutgezielter Arschtritt voller Schwung
Und ein Hieb aufs Nasenbein
Läßt dich träumen und hält jung

Une bonn' paire de claques dans la gueule
Un direct au creux d'l'estomac
Les orteils coincés sous une meule
Un coup d'pompe en plein tagada.
Tu t'ennuyais dans ma petite chambre
Tu soupirais, tu voulais du nouveau
Dorénavant, de janvier à décembre
Compte sur moi pour t'offrir à gogo
Une bonn' paire de claques dans la gueule
Et ça m'consolera, ma chérie
Des soirées où tu manœuvrais
Le rouleau à pâtisserie.
Tiens, salope!

Ein paar Schläge in die Fresse rein
Rechts, links, Leberhaken bitte
Deine Zehen quetscht ein Mühlenstein
Und ein Kniestoß in die Körpermitte
Du hast dich gelangweilt mit mir
Du wolltest was erleben, hör auf zu stöhnen
Von Januar bis Dezember, das versprech ich dir
Werd ich von hinten und vorn dich verwöhnen
Ein paar Schläge in die Fresse rein
Das wird mich trösten, du mein Stolz
Über die Abende hinweg, wo dein Latein
Mich überzeugte mit dem Nudelholz.
Da hast du's, alte Schlampe!

ROCK AND ROLL-MOPS

Je l'ai séduite en un instant
Grâce à la lueur que j'ai dans l'œil
Elle est tombée comme une feuille
Dans mes grands bras d'orang-outan

On s'est aimés comme des dieux
Aznavour en s'rait resté bleu
Le phono jouait dans un coin
Des airs de jazz qui swinguaient bien
Mais à la fin j'avais si faim
Que j'ai app'lé le bar du coin

Allo Dupont
Montez-moi donc
De quoi manger, sinon je vais crever

    Et qu'est – ce qu'il faut vous apporter
    Apportez-moi sans hésiter

Rock and roll-mops
Avec du pain beurré
Rock and roll-mops
Et un bifteck haché
Rock and roll-mops
Avec un œuf à ch'val

ROCK-AND-ROLL-MOPS

Im Handumdrehen war sie hin
Das macht mein Blick, der's an sich hat
Sie fiel und bebte wie ein Blatt
Weil ich ein Orang-Utan bin

Wir liebten himmlisch, im Vertraun
Selbst Aznavour hätt's umgehaun
Vom Grammophon kam Jazzmusik
Die swingte, was das Zeug nur hält
Dann hat der Hunger mich gefällt
Ich hab mein Bistro angewählt

Hallo, Dupont
Allons, allons
Bring'n Sie was rum, ich komm sonst um

Und was darf's sein, was mundet dem Herrn
Ich möcht, ach, schnell nur möcht ich gern

Rock-and-roll-Mops
Mit Butter und Brot
Rock-and-roll-Mops
Und Gehacktes, schön rot
Rock-and-roll-Mops
Mit Ei gelb und schier

Rock and roll-mops
Je me sens cannibale

Des escalopes de kangourou
Du sauciflard de sapajou
Du foie de lion aux salsifis
D'la tête de lard aux fruits confits

Et dans un plat
Rien que pour moi
Bien préparé, pas trop assaisonné

Rock and roll-mops
Ça m'a réconforté
Rock and roll-mops
Je suis plein à craquer
Rock and roll-mops
Ma force est décuplée
Rock and roll-mops
On est r'tournés s'coucher.

Rock-and-roll-Mops
Kannibalisch ist mir

Ein Schnitzel frisch vom Känguruh
Und Rollschwanzaffenwurst dazu
Auch Löwenleber, Spargel zart
Mit Früchten Kalbskopf fein gegart

Das soll's denn sein
Für mich allein
Ein Augenspaß, auch für'n Gaumen was

Rock-and-roll-Mops
Das hat mich angefacht
Rock-and-roll-Mops
Macht, daß die Schwarte kracht
Rock-and-roll-Mops
Die Kraft verdutzendfacht
Rock-and-roll-Mops
Schafft, daß man's noch mal macht.

POURQUOI QU'ON PEUT PAS

Couplet 1

Tu t'es tassé dans le métro
Tout contre toi y avait une bien belle rousse
T'étais serré, il faisait chaud
Mais tu pensais pourvu que mes voisins me poussent
Te décidant tu dis tout haut
– Comme il fait beau! . . . Elle sourit et toi tu biches
Mais en dedans
Tu penses pourtant
C'est embêtant à tous les coups il faut qu'on triche! . . .

Refrain 1

Pourquoi qu'on peut pas le dire franchement
Qu'on a envie d'leur mettre la main aux fesses
Pourquoi qu'on peut pas le dire franchement
Que c'qu'on voudrait, c'est pas du sentiment
Pourquoi qu'on peut pas le dire franchement
Que l'coup du temps qu'il fait, c'est hypocrite
C'a coût'rait pas plus cher et ça irait plus vite
Si on pouvait parler franchement.

WARUM SAGT MAN DENN NICHT EINFACH

Couplet 1

Rein in die Metro und – vis-à-vis –
Dicht neben dir, dieser rotblonde Engel,
Schwülheiße Luft, doch du siehst nur noch sie,
Dranbleiben, denkst du, im dicksten Gedrängel
Du faßt dir ein Herz, jetzt oder nie
– Schönes Wetter heut, sagst du, und sie lächelt –
Aber in dir drinnen [o Gott!
Irgendwo das Innen
Denkt: o mein Gott, stets der öde blöde Trott!

Refrain 1

Warum sagt man denn nicht einfach, was man denkt
Daß man nur die Hand anlegen will an den Popo
Warum sagt man denn nicht einfach, was man denkt
Daß man nicht in erster Linie an Gefühlen hängt
Warum sagt man denn nicht einfach, was man denkt
Übers Wetter reden – nichts als Show
Alles würde weniger kosten, ginge schneller so
Wenn man offen sagen würde, was man denkt.

Couplet 2

T'es descendu à sa station
Elle tenait ton bras, t'étais vraiment un homme
Elle a voulu quelques bonbons
Frais généraux, t'y as payé des boules de gomme
Tu l'as revue le lendemain
Tu as parlé philosophie et langues vivantes
Mais hier matin, à Saint Machin
Un vieux curé vous mariait et pas pour rien . . .

Refrain 2

Pourquoi qu'on peut pas le dire franchement
Qu'on espère bien coucher avec la bonne
Pourquoi qu'on peut pas le dire franchement
Qu'on irait bien dérouiller belle maman
Pourquoi qu'on peut pas le dire franchement
Que le mariage, c'est pas pour les âmes libres
D'ailleurs elles répondraient des trucs du même calibre
Si on pouvait parler franchement.

Couplet 2

Du stiegst mit ihr aus, an ihrer Station
Sie hing dir am Arm, ein richtiger Mann zum Verehren
Sie wollte was Süßes, na wennschon dennschon
Die üblichen Unkosten, du kauftest ihr Gummibären
Am nächsten Tag hast du sie wiedergesehn
Und was von modernen Sprachen gefaselt und Philosophie
Und gestern in Sankt-Dingsbums, frühmorgens halb zehn
Standet ihr vor dem Pfaffen, es kam euch teuer zu stehn.

Refrain 2

Warum sagt man denn nicht einfach, was man denkt
Daß man hofft, das Zimmermädchen zu beschlafen
Warum sagt man denn nicht einfach, was man denkt
Daß man wünscht, die Schwiegermama mit der Faust zu strafen
Warum sagt man denn nicht einfach, was man denkt
Heiraten ist nichts für Leute, die gern leben
Auch die Frauen würden keine andre Antwort geben
Wenn man offen sagen würde, was man denkt.

parlé:

Oui, chérie . . . j'y vais tout de suite . . . oui . . . du pain, un kilo de sel . . . gros . . . un saucisson sec . . . une bouteille de badoit pour le chat . . . du mou . . . mais il s'appelle kiki . . . ah . . oui . . . du bleu d'auvergne . . . bouah! . . . non, chérie, rien, j'adore ça . . . bouah! . . . Mais non, ça ne m'ennuie pas de sortir, voyons . . . *(excédé et muet)* Oh, M . . .

Coda

C'a s'rait tellement moins cher et tellement plus
marrant
Si on pouvait parler franchement.

gesprochen:
Aber ja, Chérie ... ich geh sofort ... ja ... Brot, ein Kilo Salz ... schön körnig ... eine harte Wurst ... eine Flasche Mineralwasser Marke Badoit für die Katz ... Lungenhaschee ... aber ja, sie heißt Kiki ... ach ... ja ... ein Roquefort ... pfui ... nein, Chérie, nichts ich mag nichts lieber ... pfui ... aber nein, es macht mir überhaupt nichts aus, ich gehe gern, natürlich nicht ... *(entnervt und dumpf)* Ach, Sch ...

Coda

Es wäre doch viel amüsanter, wenn man offen und
nicht so verschränkt
Einfach sagen würde, was man wirklich denkt.

LES PIRATES

1

Y en an qui deviennent sergents
Ou marchands d'peinture
Y en a qui vendent des cure-dents
Ou des grosses voitures
Y en a qui restent tout l'temps
Enfermés comme des patates
Mais moi quand je serai grand
Je serai pirate.

Refrain 1

Les pirates ont des tas d'frégates
Des sabres pointus et pas de cravate
Les pirates ont du poil aux pattes
Et un' tête de mort sur les omoplates
Les pirates ont des jamb' de bois
Et de gros saphirs luisent à leurs doigts
Les pirates ont des nez vermeils
Et des anneaux d'or pendus aux oreilles
Ils vont sur la mer par bon vent arrière
Et mont' à l'abordage avec des cris sauvages
Tuent les matelots, flanquent les corps à l'eau

DIE PIRATEN

1

Die einen werden Sergeanten
Oder stochern sich in den Zähnen
Andere verkaufen Folianten
Oder Autos mit Nackenlehnen
Manche verbringen ihr Leben
So mehlig wie die Bataten
Doch ich, ihr werdet's erleben
Ich geh unter die Piraten.

Refrain 1

Piraten haben Fregatten
Säbel und keine Krawatten
Und Haare so filzig wie Matten
Und 'n Totenkopf auf ihren Platten
Piraten haben ein Holzbein
Am Finger glitzert ein Edelstein
Ringe aus Gold an den Ohren
Die Nase vom Suff rot gegoren
Sie fahren raus bei stürmischer See
Und kapern die Schiffe meist von Lee
Die Matrosen behandeln sie barsch

Et prennent les gonzesses pour leur pincer les fesses
Les pirates ont des gros mousquets
Des tonneaux de poudre et des perroquets
Les pirates sont borgnes d'un œil
Et leur pauvre mère est toujours en deuil.

2

J'ai grandi, c'était forcé
Et j'vis à Pigalle
Je tiens un petit café
Réservé aux mâles
C'est des garçons bien gentils
Ils s'cassent pas les omoplates
Ils font bosser les souris
Les derniers pirates . . .

Refrain 2

Les pirates ne paient pas d'impôts
Et s'font des tatouages sur les biscotos
Les pirates vivent au jour le jour
Ça n'les empêche pas de se faire du v'lours
Les pirates ont des foulards noirs
Et versent le fric à pleins arrosoirs
Les pirates n'aiment pas la bagarre

Und kneifen die Mädchen in 'n Arsch
Sie haben nur 'n Auge und dicke Musketen
Und Papageien, die immerzu reden
Und Pulver und Blei auf ihr'm Kutter
Und zu Hause 'ne heulende Mutter.

2

Jetzt bin ich so ziemlich erwachsen
Und hab am Pigalle ein Café
Das führ' ich so ganz ohne Faxen
Für die Jungs aus dem Milieu
Obwohl ziemlich oft aus dem Häuschen
Sie kaum aneinandergeraten
Für sie wuseln zahlreiche Mäuschen
Für sie, die letzten Piraten . . .

Refrain 2

Piraten zahlen nie Steuern
Und wollen den ganzen Tag feiern
Ihr Bizeps, der ist tätowiert
Und mitnichten tun sie geziert
Ihr Halstuch ist schwarz wie das Laster
Sie werfen um sich mit Zaster
Und da sie Angst vor Bambule

Et règlent leur compte sur le coin d'un bar
Ils vont à Paris dans les boîtes de nuit
Ramassent des pucelles pour rénover l'cheptel
Paient les argousins pour protéger l'turbin
Et prennent les gonzesses pour leur botter les fesses
Les pirates sont tous d'Ajaccio
Ils n'ont peur de rien sinon du boulot
Les pirates qu'ont tout ramassé
Font d'la politique et d'viennent députés –

Coda

Parce qu'à notre époque
De productivité
Il faut des spécialistes à tous les postes clés . . .

Kommen sie friedlich zu Stuhle
Sie schwärmen aus in die Bar
Und suchen nach Jungfrau'n, weil rar
Zu den Bullen sind sie nie barsch
Und kneifen die Mädchen in 'n Arsch
Unsere Piraten stammen aus Ajaccio
Sind furchtlos, denn Nichtstun macht froh
Und beweisen sie dafür genug Geschick
Dann steigen sie ein in die Politik –

Coda

Weil man in unserer Epoche
Der Produktivität
Als Spezialist überall besteht . . .

J'ÉTAIS SA MÔME

J'étais sa môme et tous les soirs
Je racolais sur le boul'vard
Pour la fraîche
Pour ses sèches
Pour payer ses costards

Il travaillait dans l'étranger
Je l'payais pour me protéger
D'la police
Et du vice
I'm' donnait d'quoi manger
On s'aimait comme des idiots
Il était si jeune, si beau
Il avait la peau bronzée
Et toujours bien rasée,
J'étais heureuse d'y éviter
La vie trop dure et ses saletés
J'tais sa môme
C'tait mon homme
Ça pouvait pas durer

Mais par un jour de déveine noire
Ils l'ont piqué avec Oscar
Un minable
Pas croyable

ICH WAR SEIN MÄDCHEN

Ich war sein Mädchen und jede Nacht
hab ich auf dem Boulevard angeschafft
Für seine Stullen
Für seine Lullen
Für seine männliche Pracht

Er fischte, was weiß ich, im trüben
Für Geld wollte er mich behüten
Vor den Bullen
Vor den Nullen
Er achtete auf mein Essen
Wir liebten uns wie verrückt
Er war jung und niemals bedrückt
Ich war nur darauf versessen
Mich an seine Haut zu pressen
Ich wollte, er sollte vergessen
Dies Leben, die doofen Fressen
Ich war sein Mädchen
Er war mein Mann
Unser Glück hing an 'nem Fädchen

An so einem Tag, der keiner war
Schnappten sie ihn mit Oskar
Einem Trottel
So 'nem Loddel

Qui portait un pétard
Ils te l'emmènent chez poulaga
Et ils y passent un peu d'tabac
Ils l'accusent
Mais i'r'fuse
D'donner c'qu'il a pas
Ils y ont mis sur le paletot
La rentière du Château d'Eau
Le cass'ment d'l'avenue du Bois
Et douze affaires commes ça

Moi vous pensez si j'ai frimé
Me l'faire passer pour un paumé
'vec la braise
'vec le pèze
Que j'pouvais y donner . . .

Où sont les rues de mon bonheur
Où sont les nuits de sa chaleur
L'est en tôle
Et j'suis seule
Et j'bosse à contrecœur.

Der nie ohne Knarre war
Die Bullen haben ihn fertiggemacht
Doch er hat nur darüber gelacht
Gelitten
Bestritten
Was er nie im Leben gemacht
Sie haben ihm untergeschoben
Die Rentnerin vom Château d'Eau
Und den Bruch in der Avenue du Bois
Und noch zwölf Dinger wie diese da

Stinksauer war ich, na klar
Wie ein Habenichts stand er jetzt da
Bei dem Moos
Bei dem Koks
Das nun verpulvert war . . .

Mein Glück hat ein falsches Gewicht
Was mach ich denn nachts ohne dich
Er im Knast
Ich in Hast
Das geht mir gegen den Strich.

CINÉMATOGRAPHE

Quand j'avais six ans
La première fois
Qu'papa m'emm'na au cinéma
Moi je trouvais ça
Plus palpitant
Que n'importe quoi
Y avait sur l'écran
Des drôl's de gars
Des moustachus
Des fiers à bras
Des qui s'entretuent
Chaqu'fois qu'i trouv'nt
Un cheveu dans l'plat
Un piano jouait des choses d'atmosphère
Guillaum' Tell ou l'grand air du Trouvère
Et tout le public
En frémissant
S'passionnait pour ces braves gens
Ça coûtait pas cher
On en avait pour ses trois francs.

Belle, belle, belle, belle, comm' le jour
Blonde, blonde, blonde, blonde, comm' l'amour
Un rêve est passé sur l'écran
Et dans la salle obscurément

KINTOPP

Ich war grad erst sechs
Beim ersten Mal
Als Papa mich mitnahm in den Saal
Kino hieß das
Und ich fand's ganz einfach
Phänomenal.
Auf der Leinwand
Männer wie aus Stahl
Wenn einer nur nieste
Gab's Krawall
Und die kleinste
Schlägerei
Die endete letal
Dabei konnte am Klavier man lauschen
Wagner, Wilhelm Tell und Waldesrauschen
Und das Publikum
Vergaß die Welt
Und fühlte zitternd sich als Held
Hier bekam man
Mächtig was geboten für sein Geld.

Schön, schön, schön, schön, wie der Tag
Tritt mit sanftem Augenaufschlag
Die Diva auf, ihr Haar gewellt
Ein blonder Strahl ins Dunkel fällt

Des mains se cherchent, des mains se trouv'nt
Timidement
Gare, gare, gare, gare, la revoilà
Et dans la salle plus d'un cœur bat
La voiture où elle se croit en sûr'té
Vient d's'écraser par terre
Avec un essieu cassé
Le bandit va pouvoir mettr' la main
Sur le fric, c'est tragique
Nom d'un chien
C'est fini, tout s'allume
A mercredi prochain.

Maintenant ce n'est
Plus mon papa
Qui m'accompagne au cinéma
Car il plante ses choux
Là-bas pas loin de Saint Cucufa
Mais j'ai rencontré
Une Dalila
Une drôle de môme, une fille comme ça
Elle ador' aller le mercredi
Dans les cinémas
Bien sûr c'est dev'nu l'cinémascope
Mais ça r'mue toujours et ça galope
Et ça reste encor' comm' autrefois
Rempli d'cov'boill's sans foi ni loi

Wo manches Pärchen ganz verstohlen
Schon Händchen hält
Schön, schön, schön, schön, da noch einmal
Mehr als ein Herz pumpert im Saal
Denn die Kutsche, wo sie sich sicher glaubt
Hat einen Achsenbruch
Schon wird sie ausgeraubt
Seht nur hin: der finstre Schurke zählt
Schon den Kies, das ist mies
Ach, wie uns das quält –
Aus, Licht an, bitte sehr:
Am nächsten Mittwoch mehr.

Papa zieht's nicht mehr
Zum Kinosaal
Er hat nun Ruh nach langer Qual
Denn sein Film ist aus
Er ruht in Frieden unterm Grabmal
Doch ich fand ein neues
Ideal
Ein Wahnsinnsmädchen, ganz mein Fall
Die teilt jetzt mit mir
Mein Mittwochs-Kinoritual
Gut, inzwischen ist das alles Breitwand
Und die Musik aus der alten Zeit schwand
Aber sonst blieb alles wie es war
Die Stories gleichen sich aufs Haar:

Et de justiciers qui vienn'nt fourrer
Leurs pieds dans l'plat.

Gare, gare, gare, gare, Gary Cooper
S'approche du ravin de l'enfer
Fais attention pauvre crétin
Car Alan Ladd n'est pas très loin
À cinq cents mètres il log' un' balle
Dans un croûton d'pain
Gare, gare, gare, gare, pendant c'temps là
J'la prends doucement au creux d'mon bras
Le fauteuil où elle se croit en sûr'té
N'm' empêche pas, ma foi, d'arriver
À l'embrasser
J'ai pas vu si Gary s'rait gagnant
Mais comm' c'est l'cinéma permanent
Ma chérie rappell' toi on est resté un an
Et on a eu beaucoup d'enfants.

Cowboys, Gangster, schöne Frau'n
Dasselbe Arsenal.

Gar, gar, gar, gar, Gary Cooper
Reitet stracks zur Todesschlucht her
Gib lieber acht, du dummer Wicht
Siehst du den Alan Ladd denn nicht
Auf hundert Fuß setzt der 'nen Schuß
Dir ins Gesicht.
Gar, gar, gar, gar, still wie ein Aal
Schnapp ich mir die Frau meiner Wahl
Und im Sessel, wo sie sich sicher glaubt
Passiert natürlich nur das, was die
Zensur erlaubt
Ob Gary das Duell gewinnt?
Der Film läuft ja nochmal ab, mein Kind
Mein Schatz, wir blieben auf dem Platz ein Jahr
Und zeugten 'ne große Kinderschar.

LA CHASSE À L'HOMME

1

Chasse à l'amour, chasse à la vie
Nous faisons toutes autant qu' nous sommes
Avec nos corps, avec nos cris
La chasse à l'homme.

C'est un gibier de qualité
Qui se dérobe et qui s'étonne
De nous trouver à ses cotés
Il y a maldonne.

Refrain 1

Sonnez les cors pour l'hallali
Sonnez, sonnez sans répit
L'homme devient lâche
Quand il se cache
Unissons-nous contre lui . . .
Il faut vouloir, il faut payer le prix
Et le chasser sans merci
Il faut vouloir, il faut payer le prix
Et le traquer jour et nuit!

JAGD AUF DEN MANN

1

Jagd nach dem Glück, die Liebesjagd
Sind wir doch alle ständig dran
Meist schick verpackt, manchmal auch nackt
Jagd auf den Mann!

Das ist ein wirklich edles Tier
Taucht weg und ist dann platt
Sind wir schon wieder hier
Ist er schachmatt.

Refrain 1

Zum Halali, frischauf zur Jagd
Eh noch der Morgen tagt
Männern wird flau
Hetzt sie 'ne Frau
Frauen vereint wär'n 'ne Macht
Die Sache will's, heute wird nicht geklagt
Auf, auf zur Männerjagd!
Sie sind es wert, also seid nicht verzagt
Hetzt sie bei Tag und bei Nacht.

2

Chasse à l'amour, chasse à la vie
Nous faisons toutes autant qu' nous sommes
Avec nos corps, avec nos cris
La chasse à l'homme.

Eve avant nous avait compris
Que l'homme sans le Paradis
Vaut mieux que le Paradis sans homme
Dieu me pardonne.

Refrain 2

Sonnez les cors pour l'hallali
Sonnez, sonnez sans répit
La chasse à l'homme est éternelle
La chasse à l'homme est cruelle
Et haut les coeurs, il ne faut pas faiblir
Refuser même un sourire
L'homme est menteur, l'homme est aussi tricheur
Il joue avec le bonheur.

3

Chasse 'a l'amour, mais sans permis
On a beau faire autant qu' nous sommes

2

Jagd nach dem Glück, die Liebesjagd,
Sind wir doch alle ständig dran,
Meist schick verpackt, manchmal auch nackt,
Jagd auf den Mann!

Schon Eva hat's uns vorgemacht
Lieber den Rausschmiß gewagt
Als Paradies ganz ohne Mann –
Gott sei's geklagt.

Refrain 2

Zum Halali, frischauf zur Jagd
Hörnerklang, eh es noch tagt
Jagd auf den Mann hört niemals auf
Nimmt grausam ihren Lauf
Mutig drauflos, denn das ist ja kein Spiel
Lächeln schon wär hier zuviel
Der ist geschickt, Mann, der kennt jeden Trick
Der spielt mit unserem Glück.

3

Grad ohne Schein die Liebesjagd
Macht uns doch immer mächtig an

Avec nos corps, avec nos cris
La chasse à l'homme.

Un beau mation dans nos bagages
On trouve un gars, une vraie brute
Qui nous entraine dans son silage
Sans trop de lutte.

Refrain 3

Sonnez mon corps pour l'hallali
Il a mis son complet gris
À la mairie, sous le ciel bleu
Le permis d'chasse est pour deux
Adieu salons, adieu piscines et bars
J'ai du gibier plein l'armoire
Il a ècrit sur la porte du salon
Chasse gardée en toutes saisons.
Puis il sortit chasser pour lui . . . *(bis)*

Meist schick verpackt, manchmal auch nackt
Jagd auf den Mann!

Doch eines Tags steckt im Gepäck
Da so ein Kerl, ein Monster gar
Schleppt uns in seine Höhle weg
Mit Haut und Haar.

Refrain 3

Auf Mädchen, auf, frischauf zur Jagd
Er trägt ’nen schwarzen Frack
Im Standesamt ist alles vorbei:
’s gibt einen Jagdschein für zwei.
Lebt wohl Salons, Saunen, feine Leute
Hab jetzt den Schrank voller Beute
An der Salontür hängt jetzt ein Schild:
Ständige Schonzeit für Wild.
Dann geht er für sich auf die Jagd . . . (2 ×)

FAIS-MOI MAL, JOHNNY

1

Il s'est levé à mon approche
Debout, il était bien plus p'tit
Je me suis dit c'est dans la poche
Ce mignon-là, c'est pour mon lit
Il m'arrivait jusqu'à l'épaule
Mais il était râblé comme tout
Il m'a suivie jusqu'à ma piaule
Et j'ai crié vas-y mon loup

Fais-moi mal, Johnny, Johnny, Johnny
Envoie-moi au ciel . . .zoum!
Fais-moi mal, Johnny, Johnny, Johnny
Moi j'aim' l'amour qui fait boum!

2

Il n'avait plus que ses chaussettes
Des bell'jaunes avec des raies bleues
Il m'a regardée d'un œil bête
Il comprenait rien, l'malheureux
Et il m'a dit l'air désolé
Je n'ferais pas d'mal à une mouche

TU MIR WEH, JOHNNY

1

Als ich kam, ist er aufgestanden
Nicht grad ein Riese, doch ganz nett
Ich dachte, der kann bei mir landen
Den Süßen brauch ich für mein Bett!
Ich nahm ihn rauf in meine Stube
Er ging mir grade bis zum Kinn
Doch er war ganz schön stark, der Bube
Ich rief: Na los, schmeiß mich schon hin.

Tu mir weh, Johnny, Johnny, Johnny
Mach mich ganz verrückt – wumm!
Tu mir weh, Johnny, Johnny, Johnny:
So ist Liebe herrlich – zumm!

2

Er trug jetzt nur noch seine Socken
So schön geringelt, grün und rot
Er guckte blöde und erschrocken
Kapierte nichts, dieser Idiot.
Als er gar anfing, zu beteuern
Er tue keiner Fliege was

Il m'énervait! Je l'ai giflé
Et j'ai grincé d'un air farouche

Fais-moi mal, Johnny, Johnny, Johnny
Je n'suis pas une mouche . . . zoum!
Fais-moi mal, Johnny, Johnny, Johnny
Moi j'aim' l'amour qui fait boum!

3

Voyant qu'il ne s'excitait guère
Je l'ai insulté sauvagement
J'y ai donné tous les noms d'la terre
Et encor' d'aut's bien moins courants
Ça l'a reveillé aussi sec
Et il m'a dit arrête ton charre
Tu m'prends vraiment pour un pauvre mec
J'vais t'en r'filer, d'la série noire

Tu m'fais mal, Johnny, Johnny, Johnny
Pas avec les pieds . . . zing!
Tu m'fais mal, Johnny, Johnny, Johnny
J'aim' pas l'amour qui fait bing!

Mußt ich ihm einfach eine scheuern
Ich schrie ihn an: Mach dich nicht naß.

Tu mir weh, Johnny, Johnny, Johnny
Ich bin keine Fliege – zumm!
Tu mir weh Johnny, Johnny, Johnny:
So ist Liebe herrlich – wumm!

3

Da ihn das auch nicht weiter kratzte
Hab ich den Kerl zur Sau gemacht
So arg, daß ihm der Kragen platzte –
Da ist er endlich aufgewacht.
Und hat gesagt: Halt bloß die Fresse
Hältst du mich etwa für senil
Dann irrst du dich in der Adresse
Magst du's brutal? Ich spiel dein Spiel.

Du tust mir weh Johnny, Johnny, Johnny
Doch nicht mit dem Fuß – nein – – boing.
Bitte hör auf, Johnny, Johnny, Johnny
So ist Liebe scheußlich – zoink!

4

Il a remis sa p'tite chemise
Son p'tit complet, ses p'tits souliers
Il est descendu l'escalier
En m'laissant une épaule démise
Pour des voyous de cette espèce
C'est bien la peine de faire des frais
Maintenant, j'ai des bleus plein les fesses
Et plus jamais je ne dirai

Fais-moi mal Johnny, Johnny, Johnny
Envoie-moi au ciel . . . zoum!
Fais-moi mal Johnny, Johnny, Johnny
Moi j'aim l'amour qui fait boum!

4

Er hat sein Hemdchen angezogen
Den kleinen Anzug und die Schuh –
Ich lag da, wimmernd und verbogen
Er machte – rumms! – die Türe zu.
Ganz grün und blau sind meine Glieder
Ein Arm verrenkt, ich krieg kaum Luft
Eins weiß ich ganz genau: nie wieder
Sag ich zu so 'nem groben Schuft:

Tu mir weh, Johnny, Johnny, Johnny
Mach mich ganz verrückt – wumm!
Tu mir weh, Johnny, Johnny, Johnny
So ist die Liebe herrlich – bumm!

LA MAUVAISE MÉMOIRE

1

La tête est un curieux organe
Curieusement organisé
Y a qu'à voir quand on vous trépane
Généralement, c'est malaisé
Voici l'histoire singulière
D'un certain Mathurin Lafleur
Dont le crâne assez ordinaire
N'était bizarre qu'à l'intérieur
Ce type souffrit dès sa jeunesse
D'un mal en vérité courant
D'une mémoire assez traîtresse
Pour causer des désagréments
Sitôt qu'il apprenait une chose
Dans sa famille ou au lycée
Mathurin, la mine morose
Instantanément l'oubliait
Mais . . .

Refrain 1

Il avait vite oublié d'oublier
Ce qu'il devait oublier

DAS SCHLECHTE GEDÄCHTNIS

1

Der Kopf ist schon das Hauptorgan
Und wahrlich seltsam eingericht' –
Nur daß man nicht hineinsehn kann
Denn das verträgt es häufig nicht.
Ich will von einem Fall berichten
Der Passion des Mätthäus Mohn
Kaputt in tieferen Schädelschichten
Von außen sah man nichts davon.
Als Kind schon hatt' er einen Fehler
Man nennt das wohl Gedächtnisschwund
Ist zwar kein Fall für Hospitäler
Doch lästig ist's und ungesund.
Sobald er irgendetwas hörte
In Haus, Hof, Schule, da und dort
Vergaß er's blitzschnell, der Gestörte
Wie weggeblasen, fort . . .
Jedoch, jedoch:

Refrain 1

Als er nun prompt zu vergessen vergaß
Was er andauernd vergaß

Alors comme il avait
Oublié d'l'oublier
Il se le rappelait en entier
(parlé) Vous suivez, oui?

2

Cette faculté trop rapide
Loin de le faire, en société
Considérer comme stupide
Lui donnait la priorité
Oubliant d'oublier ses cours
Mathurin les retenait tous
Et malgré son cerveau tout gourd
Devint agrégé sans secousse
Mais un jour qu'il pleuvait à verse
Et qu'il courait vers le métro
Butant contre un coureur adverse
Il s'abattit comme un perdreau
Son crâne porta sur la pierre
Avec un beau bruit musical
Produisant en sa cafetière
Un bouleversement fatal
Et désormais

Sein Gedächtnisloch
Zu vergessen vergaß
Ja, da wußte das alles er doch.
(gesprochen) Können Sie mir folgen?

2

Der kleine Fehler, stets erneuert
Der störte Mohns Karriere nicht
Er wirkte gar nicht mal bescheuert
Vielmehr als ein ganz großes Licht.
Da er's Vergessen stets vergaß
Fraß des Mätthäus' Hirn sich satt
Und selbst der schwerste Lehrstoff saß
Er schaffte jede Prüfung glatt.
Doch eines Nachts bei starkem Regen
Er wollte grad zum letzten Bus
Da raste ihm ein Kerl entgegen
Mätthäus fiel auf seine Nuß.
Sein Schädel auf die Steine krachte
Mit schönem, melodiösem Laut
Als man ihn zur Besinnung brachte
War sein Gedächtnis ganz versaut.
Was war passiert?

Refrain 2

Il oubliait d'oublier d'oublier
Ce qu'il devait oublier
Et comme il oubliait
D'oublier d'l'oublier
Il ne se le rappelait jamais . . .
(parlé) Vous suivez, oui?

3

Vidé par cet accident bête
De ses souvenirs de toujours
Il repartit Place des Fêtes
Lui qui habitait à Cherbourg
Mais en chemin, déveine infâme
Un autobus qui s'emballa
Sans souci de sa charge d'âme
Devant Mathurin déboula
Ayant oublié l'existence
Des autobus et du danger
Notre héros, fleur d'innocence
Donna dans le monstre enragé
Mourant sous les roues carnassières
Dans son crâne vague, il sentit
Une distorsion étrangère
Avant de connaître l'oubli
Et

Refrain 2

Seit er's Vergessen 's Vergessens vergaß
Dessen, was er stets vergaß
Sein Gedächtnisloch
Zu vergessen vergaß
Da war nur noch dies dämliche Loch!
(gesprochen) Können Sie mir noch folgen?

3

Von diesem blöden Sturz ganz leer
(Im Kopf war plötzlich nichts mehr drin)
Begab er sich zu Fuß ans Meer
Und landete dann in Berlin.
Doch unterwegs, verfluchte Fügung
Da bog ein führerloser Bus
Ganz rücksichtslos um eine Biegung
Und mit Mätthäus war bald Schluß.
Der hatte es halt nicht mehr drauf
Daß es so Busse wirklich gab
So nimmt das Schicksal seinen Lauf
Denn unser Held rennt in sein Grab.
Unterm Bus liegt er ganz benommen
Durch seinen Kopf, der noch an ihm hängt
Spürt er noch eine Erinnerung kommen
Bevor's Vergessen ihn umfängt.
Und . . .

Refrain 3

Il oublia d'oublier d'oublier
D'oublier qu'il devait oublier
C'qu'il oubliait d'oublier d'oublier
Qu'il venait de se rappeler . . .
(arrêt) J'ai oublié la fin . . .

Refrain 3

Da er's Vergessen 's Vergessens vergaß
Des Vergessens von was er vergaß
Zu vergessen, vergessen, vergessen, vergaß
Er, daß da doch noch irgendwas war . . .
Ich hab den Schluß vergessen!

CHANTEZ

L'autobus vous passe sous le nez
Un' grosse dame vous marche sur les pieds
Votr' petite amie s'envole
Avec ce salaud de Paul
En laissant des cheveux plein l'évier
Au bistro, le café n'est pas bon
Au bureau, ça ne tourne pas rond
Et votre meilleur copain
Au lieu d'avoir du chagrin
Il se marre et vous traite de . . . tsoin . . . tsoin . . .
tsoin . . .

Refrain

Ah! comme la vie serait triste
Triste, triste, triste
Ah! comme la vie serait triste
Si l'on ne pouvait pas chanter.

Premier interlude
(Tempo di java)

Chantez des javas canailles
Que de gros durailles

SINGT

U-Bahn fährt dir vor der Nase weg
Alte Frau bespritzt dich dann mit Dreck
Liebchen läßt sich nicht mehr sehn
Fiesling Paul sei auch sehr schön
In der Dusche ist ihr Schmutz nicht weg
Im Café – der längst gewohnte Mief
Im Büro, da geht auch alles schief
Und dein allerbester Freund
Statt daß gut er's mit dir meint
Dreht 'ne Nase dir und kräht: Äh-bätsch, Bätsch-äh!

Refrain

Wie wär' das Leben doch traurig
Traurig, traurig, trau-haurig,
Wie wär das Leben doch traurig,
Wenn man nicht singen könnt'.

Interludium 1
(Java)

Ach, singt doch den schlimmen Song
Den die Wilden tanzten für Robinson

Dans't à Robinson
Dansez des javas célestes
En tombant la veste
A Mimi Pinson.

Les journaux sont pleins de cauchemars
On se tue du matin jusqu'au soir
La police est sur les dents
Celles des autres évidemment
L'honnêt'té se vend au marché noir
On annonce la hausse des rognons
On dénonce la peau sur les ognons
Soyons fermes mes amis
Je ferai baisser les prix
Mais d'abord, donnez votre pognon . . .

Refrain

Ah! comme la vie serait triste
Triste, triste, triste
Ah! comme la vie serait triste
Si l'on ne pouvait pas chanter.

Singt himmlisch und kraß
Denn so geht es auch,
Wie die alte Callas
Aus hohlem Bauch.

In der Zeitung, da sieht's finster aus
Mord und Totschlag, alles nur ein Graus
Unsre Polizei ist fix
Nur sich selber tut sie nix
Um den Anstand schert sich keine Maus
Man sagt uns, der Kurs des Käses fällt
Man sagt, daß man Zwiebeln besser schält
Freunde, rechnet ruhig drauf
Preise purzeln, gehn nicht rauf –
Aber erstmal her mit dem Geld!

Refrain

Wie wär' das Leben doch traurig
Traurig, traurig, trau-haurig,
Wie wär das Leben doch traurig,
Wenn man nicht singen könnt'.

Second interlude
(Tempo di bel canto)

Chantez sur la mer calmée
Sur le Père Lachaise
Et la fille Angot
Magali, viens sous la ramée
Tradition française
Chanson à gogo.

On vous dit: la lutte est terminée
Célébrons le règne de la Paix
Embrassons nos agresseurs
C'est des frères et c'est des sœurs
C'est fini: on s'battra plus jamais
Le lend'main, sur le coup de midi
L'œil féroce, de gros barbus s'écrient
Mourir quand on a vingt ans
C'est le destin épatant
Tous aux armes, et sus à l'ennemi.

Refrain

Ah! comme la vie serait triste
Triste, triste, triste
Ah! comme la vie serait triste
Si l'on ne pouvait pas chanter.

Interludium 2
(Oper)

Singt übers stille Meer
Übern Père Lachaise, über die Piaf –
Magali, komm' doch mal her
So macht man's à la française
Lieder nach Bedarf.

Man sagt euch, der Krieg ist endlich aus
Unsre lieben Feinde ziehn nach Haus
Feiern wir ein Friedensfest
Wie sich's friedlicher nicht denken läßt
Sind doch Schwestern, sind doch Brüder
Nie bekriegen wir uns wieder
Nächsten Tag, beim ersten Hahnenschrei
Ist der ganze Schmus vorbei:
Sterben, wenn man zwanzig Jahr'
Alt ist, sei doch wunderbar –
Zu den Waffen, und ran an den Feind!

Refrain

Wie wär' das Leben doch traurig
Traurig, traurig, trau-haurig,
Wie wär das Leben doch traurig,
Wenn man nicht singen könnt'.

Troisième interlude fort martial

Chantez les joyeux compères
Qui déclarent la guerre
Et qui n'y vont pas
Chantez la prochaine dernière
Et les réverbères
Où on les pendra . . .

Interludium 3

Singt auf die netten Herrn
Die den Krieg erklär'n
Die 's zur Heimfront drängt
Besingt, der Tag ist nicht fern
Auch, die Gaslaternen
Wo man sie dran hängt . . .

L'ÉVADÉ

Il a dévallé la colline
Ses pieds faisaient rouler des pierres
Là-haut, entre les quatre murs
La sirène chantait sans joie

Il respirait l'odeur des arbres
Avec son corps, comme une forge
La lumière l'accompagnait
Et lui faisait danser son ombre

Pourvu qu'ils me laissent le temps
Il sautait à travers les herbes
Il a cueilli deux feuilles jaunes
Gorgées de sève et de soleil

Les canons d'acier bleu crachaient
De courtes flammes de feu sec
Pourvu qu'ils me laissent le temps
Il est arrivé près de l'eau

Il y a plongé son visage
Il riait de joie; il a bu
Pourvu qu'ils me laissent le temps
Il s'est relevé pour sauter

DER ENTKOMMENE

Er lief den Hügel runter
Die Kiesel kollerten unter dem Fuß
Da oben, zwischen den vier Zäunen
Sang die Sirene freudelos.

Da war der Laubgeruch der Bäume
Mit ganzem Körper zog er ihn sich rein
Das Licht lief immer mit ihm mit
Und seine ganzen Schatten tanzten.

Falls ich nur genug Zeit hab –
Sprang er über eine grüne Wiese
Riß er zwei gelbe Blätter ab
Voll mit Saft und voller Sonne.

Die Gewehre aus blauem Stahl
Spuckten Feuer trocken hart
Falls ich nur genug Zeit hab –
Kommt er noch ans Wasser ran.

Er hat sein Gesicht reingetaucht
Hat vor Freude gelacht, hat getrunken
Falls ich nur genug Zeit hab –
Stand er auf, setzt zum Absprung an.

Pourvu qu'ils me laissent le temps
Une abeille de cuivre chaud
L'a foudroyé sur l'autre rive
Le sang et l'eau se sont mêlés

Il avait eu le temps de voir
Le temps de boire à ce ruisseau
Le temps de porter à sa bouche
Deux feuilles gorgées de soleil

Le temps de rire aux assassins
Le temps d'atteindre l'autre rive
Le temps de courir vers la femme

Il avait eu le temps de vivre.

Falls ich nur genug Zeit hab –
Eine Biene aus heißem Kupfer
Hat ihn gefällt, am anderen Ufer
Sein Blut und 's Wasser haben sich vermischt.

Zeit zum Sehen hatt' er gehabt
Zeit zum Trinken aus diesem Bach
Zeit, zwei Blätter zum Mund zu führen
Zwei Blätter, voll mit Sonne.

Zeit, seine Mörder auszulachen,
Zeit, auf die andre Seit' zu kommen
Zeit, hinzulaufen zu der Frau.

Er hatte Zeit genug zu leben.

ZU DIESER AUSGABE

»Hundert Sonette« war das früheste als Buch geplante literarische Werk von Boris Vian. Die ersten dieser Sonette entstanden 1940, möglicherweise sogar schon 1939, die letzten in der Zeit vom 25. 1. bis 13. 4. 1944. Für einen Autor wie Boris Vian, der dem Jazz und dem Kino huldigte, war es ungewöhnlich, daß er sein literarisches Schaffen mit Gedichten in der klassischen Sonettform begann, zumal er kein »Dichter« wie Paul Fort oder Rilke sein wollte. Vian, der von Ende 1939 bis Sommer 1942 an der École Centrale des Arts et Manufactures studierte und ab 1942 als Ingenieur arbeitete, war bei aller Verachtung, die er gegenüber der Vergötterung von Poeten und feierlicher Poesie bekundete, ein eifriger Leser von Gedichten, der großen Gefallen daran fand, mit überlieferten Formen durchtriebenen Spott und unterhaltsame Spiele zu veranstalten. Ähnlich wie Queneau, der zwanzig Jahre später ein multiples Sonettbuch »Hunderttausend Milliarden Gedichte« herausbrachte, reizte es ihn, der Poesie die Qualen der Verhöhnung, des Unsinns und der übermütigen Satire aufzuerlegen. Um die unproduktive Geschäftigkeit seiner Umwelt, die starren, genormten Klassifikationsschemata seiner Lehrer und Vorgesetzten zu unterlaufen, verfaßte er ironische, burleske und spöttische Gedichte gegen Schule, Arbeitswelt, modische Zeiterscheinungen und Krieg, deren formale Strenge seiner Polemik unwiderlegbare Prägnanz und deren berechnende Künstlichkeit und Sprachspiellust seinen Argumenten verblüffende Logik verleihen sollten.

Die Form des Sonetts, auch dann, wenn es auf den Kopf gestellt, demontiert oder parodistisch ausgeschlachtet werden soll, erfordert vierzehn gereimte Zeilen, die in der Regel wie Satz und Gegensatz, Frage und Antwort oder Problem und Lösung in zwei Hauptteile zu gliedern sind und in zwei vierzeiligen und zwei dreizeiligen Strophen angeordnet werden, wobei die beiden Quaternarien durch zwei wiederkehrende Reime sich verschlingen, in den beiden Terzinen aber je zwei oder drei Verse miteinander gereimt werden.

Vian benutzte die Sonettform zu einer Zeit, als in Frankreich allenfalls noch Louis Aragon und Guillevic mit ihr umzugehen wußten und erträgliche Gedichte zu verfassen imstande waren, während ansonsten nur bemühte Epigonen mit Sonetten aufwarteten. In Deutschland gebrauchte immerhin Brecht das Sonett für seine sogenannten »Achillesverse«: übermütig pornographisch gefärbte Studien-Sonette wider bigotte Studienratsgesinnungen; es schrieb einst Ludwig Rubiner amüsante »Kriminalsonette«, und es handhabte vor allen Dingen Johannes R. Becher die Sonettform noch einmal mit höchster Vollendung, der dann allerdings auch keinerlei Skrupel vor abgedroschenem

Reimkitsch, öligem Pathos und rührseliger Kniefälligkeit hatte. Vians »Hundert Sonette« sind ein lustiges Gegengift zu allen ausgereiften Sonettwerken und pfäffischer Dichtung, vergnügte Stilübungen, die Tabus verletzen, Gesetze mißachten und dem spleenigen Nonsense huldigen.

Das Manuskript der »Hundert Sonette« im Nachlaß des Dichters besteht aus insgesamt 112 Sonetten, von denen sechs in Balladenform abgefaßt sind. Die Mappe mit dem Manuskript enthält außerdem 29 farbige Zeichnungen von Peter Gna (der Künstlername von Claude Léglise, einem Bruder von Vians erster Frau, Michelle Léglise), die zur Illustration des Buchs gedacht waren, sowie vier weitere Zeichnungen von unbekannter Hand, die wahrscheinlich von Vians Freund Alfredo Jabès, genannt Bimbo, stammen.

Vian legte ein Verzeichnis zu den »Hundert Sonetten« an, das in unserer zweisprachigen Ausgabe ebenfalls abgedruckt ist; dieses Verzeichnis, das in elf Abteilungen gegliedert ist, enthält ein Gedicht (»Es herrscht Ordnung in . . .« als Nr. 51), das nicht mehr existiert, obwohl es nicht (wie die einstigen Nummern 75, 88 und 89) als »gestrichen« vermerkt ist. In seinem Verzeichnis hat Vian zwei Balladen der Manuskriptmappe (»Ballade von unserem Krieg« und »Referendum in Form einer Ballade«) nicht berücksichtigt, die in die mit »In Balladenform« betitelte Gruppe eingefügt worden sind. Außerdem wurden von Noël Arnaud, dem Herausgeber der Originalausgabe, das (in erster Fassung noch titellose) Sonett »Wie vor dem Krieg« der Abteilung »Entspannung« und das Sonett »Wechsel« der Abteilung »Stare« zugeordnet. Die fünf wahrscheinlich zuletzt entstandenen Sonette der Manuskriptmappe (die einzigen Sonette, die mit einem Datum versehen sind) wurden als eine weitere Gruppe den »Hundert Sonetten« zugeordnet, mit der einem zweiten Verzeichnis Vians entnommenen Kapitelüberschrift »Aus der Mode gekommene Nachrichten«. Das zweite Verzeichnis entstand nach erneuter Durchsicht der »Hundert Sonette«, die nunmehr als »Hundert abscheuliche Sonette« veröffentlicht werden sollten. Zwei der vier exakt datierten Sonette hat Vian mit dem anagrammatischen Pseudonym Bison Ravi signiert. Von Bison Ravi druckte die Zeitschrift »Jazz Hot« im März 1944 das Sonett »Referendum in Form einer Ballade«; es war der erste Text von Boris Vian, der veröffentlicht wurde. Die vom 12. 5. 1944 bis zum 12. 1. 1945 geschriebenen neun Gedichte »Un seul Major Un sol majeur« versah Vian ebenfalls mit diesem Anagramm.

Für die später geplante Sammlung »Hundert abscheuliche Sonette« ließ Boris Vian nur noch 52 der »Hundert Sonette« gelten, 48 gedachte er wohl neu zu schreiben. Die Zahl 100 wollte er, wie der neue Titel bekundet, unbedingt beibehalten, obwohl er sich für den Wortspielcharakter des früheren Titels (cent sonnets = sanssonnets) nun nicht mehr zu interessieren schien. Die 52 auch für die neue Sammlung bestimmten Titel notierte Vian in einer anderen Abfolge und gab dieser neue Kapitelüberschriften.

HUNDERT ABSCHEULICHE SONETTE

Verzeichnis

Eingangsappell und
theoretisches Beweisstück:

1(10) Für den Fürsten
2(54) Ars Poetica

Krugbrechereien:

3(83) Kampfplatz
4(84) Bärenfälle
5(85) Reis Brot Salz
6(86) Kraft der Gans
7(87) Kohlengas [Wenn das Gas weggeht]
8(88) Kamel-Spuren
9(90) Jetzt ißt alles aus
10(91) Dies ist ein andrer Straußenstreich [Dies ist eine Strauß-erei]
11(92) Man nennt das Handeln wie im Elbrus
12(93) Kransames Abenteuer
13(94) Der Irre vögelte
14(95) Notzuchtfisch [Der Notzuchtfisch]

Liedchen:

15(23) Der Zazou
16(29) Antwort des Zazou [An einen Alten]

17(16) Blumen
18(55) Zu glatt um anständig zu sein
19(56) Der stramme Bursche von einst
20(59) In Acht und Bann
21(57) Wasserspülung [Voll]
22(14) Fische
23(19) Norden
24(89) Harmonie, fast revolutionär [Harmonie des Abends]
25(53) Malachitgrün gedeiht nicht [Abgründe]
26(58) Werbung
27(50) Nichts als Ersatz [Ersatz]
28(52) Schlichte Stotterergeschichte
29(47) Eleganz
30(20) Selbstverteidigung des Kalauers

Aus der Mode gekommene Nachrichten:
vom Herausgeber zugeordnet

31 Nachrichten 1944 I. Petiot
32 Nachrichten 1944 II. Über den Tod eines Mannes in grüner Robe [– eines Historikers]

Drei Stückchen für verstimmte Geige:

33(63) Nächtlich
34(62) Pastorale
35(64) Das Fehrt [Stuß redend]

Entspannung:

36(65) Blauer Kragen
37(66) Hellade
38(67) Räderung
39(69) Helvet's I A [Helvegetium]
40(68) Auf dem Schild
41(70) Trauriger Azor

42(71) Julie
43(72) Wo früh der Hahn schon kräht
44(77) C. P. R. [Kamel Râ]
45(75) Marinella [Atride, Faulige Atride]
46(77a) Wie vor dem Krieg
[Der Pächter mit den kantigen Gesichtszügen]
47(76) 1900

Legende vom Star und vom Starmatz, ornithologische und überzeugende Allegorie:

48(40) I
49(41) II
50(42) III
51(43) IV
52(44) V

Lediglich die Abteilung »Entspannung« blieb also bei der späteren Durchsicht erhalten (und ein weiteres Gedicht wurde ihr noch hinzugefügt). Vierzehn der zweiundfünfzig Gedichte bekamen neue Titel. Die bei dieser Gelegenheit von Vian vorgenommenen Textänderungen wurden für den Druck berücksichtigt. In Abweichung von den beiden Verzeichnissen Vians, doch beide berücksichtigend, ist die Abfolge der »Hundert Sonette«, beziehungsweise der 112 Sonette und Balladen der Manuskriptmappe, in dreizehn Abteilungen angeordnet.

Unsere Ausgabe folgt der französischen Erstausgabe der »Cent Sonnets« (Textes établis, prefacés et annotés par Noël Arnaud), erschienen bei Christian Bourgois

Éditeur, Paris 1984. Die deutschen Nachdichtungen besorgten Eugen Helmlé und Ludwig Harig. In einem Anhang bringt unsere Ausgabe noch zwölf weitere Gedichte und Chansons von Boris Vian. »Der Java von den genagelten Schnürstiefeln«, »Ein paar Schläge in die Fresse rein«, »Rock-and-roll-Mops«, »Warum sagt man denn nicht einfach«, »Die Piraten« und »Ich war sein Mädchen« (übersetzt von Bernhard Thieme, Steffen Mensching und Klaus-Dieter Sommer) erschienen zuerst in dem kleinen Vian-Gedichtband der Reihe »Poesiealbum« (Verlag Neues Leben, Berlin 1987), herausgegeben von Bernhard Thieme. Die Übersetzungen von Sibylle Christlein und Rainer Zimmer entstanden für den Boris-Vian-Abend »Le Déserteur du Malheur« von Barbara Nüsse und wurden für den Druck neu durchgesehen.

*

Hundert Sonette: Im französischen Titel, »Cent sonnets«, schwingt, phonetisch gleichklingend, »Sansonnets« mit, so daß auch schon auf die »Starvögel« hingewiesen wird, die in vielen Gedichten des Bandes eine Rolle spielen.

Im Vordergrund stand für die Übersetzer immer die Form der streng gebauten, durchgehend gereimten Alexandriner. Dem Reim zuliebe wurde hier und da auch der Inhalt einmal umgemodelt, jedoch nie so, daß das Gegenteil von dem erzählt wird, was im Original steht. Die dichterische Freiheit bleibt im Rahmen des Vorgegebenen. Am schwierigsten war eine angemessene Übersetzung der Gedichtgruppe »Die Sprichwörtlichen«, wo in der Endzeile das Sprichwort »Tant va la cruche à l'eau . . .« in allen möglichen Homonymen durchvariiert wird. Im Deutschen ist das fast unmöglich, aber Eugen Helmlé und Ludwig Harig haben doch versucht, hier brauchbare und lustige Lösungen zu finden.

Seite 21 *Mitglied des Instituts*: Gemeint ist hier das »Institut de France«, eine aus den fünf Akademien bestehende nationale Körperschaft für Wissenschaft und Kunst in Frankreich.

Seite 25 *Paul Fort* (1872–1960): 1890 gründete dieser Dichter und Vorkämpfer der Symbolisten das für abseitige dichterische Stücke aufgeschlossene »Théâtre d'Art«. Von 1905–1914 war er Chefredakteur der literarischen Vierteljahresschrift »Vers et prose«. 1912 ernannte man ihn zum »Prince des poètes«. Sein späterer Ruhm beruhte vor allen Dingen auf seinen »Balladen« genannten Gedichten und deren Formenreichtum: er schrieb Eklogen, Hymnen, Oden, Idyllen und kleine Epen in rhythmischer, zum Teil durch Reime und Assonanzen gebundener Prosa, in der auch die eingestreuten Verse wie Prosa angeordnet sind. Bei allem Spott über einen Dichterfürsten und Formenthusiasten gelingt es Vian gerade mit einem Sonett wie diesem nicht, die Schule Paul Forts zu verleugnen, den er entgegen seinem Bekenntnis in seiner Jugend gelesen hat.

Seite 31 *ihr jungen Leinwandstars*: Das Sonett huldigt den

französischen Filmdiven Simone Simon, Gaby Morlay, Michèle Morgan, Micheline Presle, Marie Bell und vermutlich Jocelyne Bressy sowie Danielle Darrieux.

Seite 35 *S.N.C.F*: Abkürzung für Societé Nationale des Chemins de fer Français, das französische Pendant zur Deutschen Bundesbahn.

Seite 45 *Jean Giono* (1895–1970): Wegen seiner bodenständigen Prosa, in der Natur oft nur als mythologisch drapierte rustikale Kulisse beschworen wird, hielt Vian schon den Namen dieses Schriftstellers für ein Omen, vorausgesetzt man liest ihn leicht entstellt als Guano (Taubenscheiße). – Dem Katholizismus des *Paul Claudel* (1868–1955) wußte Vian, wie fast alle jüngeren französischen Autoren, nur mit Kalauern beizukommen.

Seite 53 *Henri de Régnier* (1864–1936): War ein Hauptvertreter des französischen Neosymbolismus. In seiner oft etwas zu kultiviert melancholisch gefärbten Prosa benutzte er Symbole als Ausdrucksmittel seelischer Zustände. Als Lyriker stand er in der Tradition der Parnassiens, er gebrauchte auch vorzugsweise die strenge Form des Sonetts. – *Hoch leben die Zazous:* So wurden in Frankreich während des Zweiten Weltkriegs die jungen Leute genannt, die sich auffallend kleideten und aus ihrer Vorliebe für den Jazz keinen Hehl machten. Simone de Beauvoir schreibt in ihrer Autobiographie »Im Lauf der Dinge«: »Vian war einer der Initiatoren der Zazou-Bewegung gewesen, die der Krieg und die Zusammenarbeit mit den Deutschen ausgelöst hatten. Während die reichen Eltern die meiste Zeit in Vichy verbrachten, organisierten die Söhne und Töchter des Hauses in den verlassenen Wohnungen terrible Feste. Sie leerten die Weinkeller, zerschlugen die Möbel, imitierten die plündernde Soldateska und machten Schwarzmarktgeschäfte. Anarchistisch, apolitisch, gegen die Pétain-freundlichen Eltern rebellierend, legten sie eine aufreizende Anglophilie an den Tag.«

Seite 55 *Michel Warlop*: Jazzgeiger Anfang der Dreißiger Jahre, leitete später eine Orchesterformation und stiftete die Warlop-Violine als Auszeichnung für den besten Jazzgeiger. – *Claude Laurence* war ein Schlagzeuger.

Seite 59 *Craven A*: Eine englische Zigarettenmarke der 40er und 50er Jahre.

Seite 71 *Sansonnets*: Stare, auch Diminutivform von Samson, die Samsönchen. Phonetischer Gleichklang mit dem Titel des Buchs: Cent Sonnets.

Seite 87 *Georges Ohnet* (1848–1918): War ein viel gespielter französischer Dramatiker und Journalist, außerdem Verfasser mehrerer sentimentaler Zeitromane, die er dann für die Bühne bearbeitete. »Der König von Paris« und »Der Hüttenbesitzer« waren zwei seiner erfolgreichsten Werke.

Seite 109 *Roger Martin du Gard* (1881–1958): Französischer Erzähler, erhielt für seinen Romanzyklus »Les Thibault« 1937 den Nobelpreis. Seine Helden sind vorzugsweise zwischen den Fronten von Aufklärung und Glauben hin- und hergerissene Intellektuelle.

Seite 159 *Paul de Kock* (1793–1871): Autor amüsanter Trivialromane mit etwas schlüpfriger Tendenz, schrieb auch Vaudevillestücke, Opern und Pantomimen. – *Maurice Dekobra* (1885–1973): Schrieb nach dem 1. Weltkrieg in viele Sprachen übersetzte mondäne Unterhaltungsromane.

Seite 165 *Wo früh der Hahn schon kräht*: Der geschätzte Ehrenbürger der Stadt Este heißt selbstverständlich Jean Cocteau (= Coq tôt).

Seite 170 *Marinella*: Marinella hat im Französischen die Doppelbedeutung, daß es zum einen ein Mädchenname ist, zum anderen auch gelesen werden kann als: »Marine est là« (die Marine ist da). Vian ergänzt in einer Fußnote: »Oreste encor entre mes bras« = »Orest (O ruhe) noch in meinen Armen«.

Seite 177 *Monprince*: So nannte man François Rostand, einen Sohn von Jean Rostand, der die dem Vianschen Grundstück benachbarte Villa in Ville d'Avray bewohnte. In seinem Roman »Drehwurm, Swing und das Plankton« portraitiert Vian François Rostand als Corneille Monprince. Das Gedicht ist offensichtlich eine Adaption einer von Rostand verfaßten Vorlage.

Seite 179 *Cinq Sonnets:* In diesen »fünf« Sonetten schwingt ebenso der phonetische Gleichklang mit »Sansonnets« mit, es handelt sich also auch um ein »Starevangelium«.

Seite 185 *Antoine de Saint-Exupéry* (1900–1944): Französischer Schriftsteller, dessen Hauptthema das Abenteuer des Fliegens war. 1934 trat er in die Air France ein, 1939 wurde er Pilot einer Aufklärungsstaffel. Auf der Höhe von Korsika wurde er wahrscheinlich von deutschen Jägern am 31. 7. 1944 abgeschossen.

Seite 196 *Riz- Pain- Selle*: Vian spielt mit dem Gleichklang von selle (= Stuhlgang) und sel (= Salz).

Seite 198 *Force de l'oie*: Der Titel kann auch als »Force de loi« gelesen werden = Kraft des Gesetzes.

Seite 204 *La faim des haricots*: Wörtlich übersetzt heißt der Titel dieses Sonetts: Kohldampf. Zugleich ist der Titel aber auch als »La fin des haricots« zu lesen, was soviel wie »la fin du tout« bedeutet (= es ist alles aus).

Seite 212 *Le fou triquait*: Der Originaltitel (Der Irre vögelte) kann auch als le foutriquait gelesen werden = die Niete, die Nulpe, die Null.

Seite 257 *Petiot*: Der Arzt und Massenmörder Petiot, der die Leichen seiner Opfer verbrannte, wurde 1944 in einem aufsehenerregenden Prozeß in Paris zum Tode verurteilt. Er hatte seinem berüchtigten Vorgänger *Landru* alle Ehre gemacht. – Der im französischen Original noch erwähnte *Vatel* war ein renommierter Bocuse des 17. Jahrhunderts. Er war der Koch des Fürsten v. Condé, 1671 nahm er sich das Leben, weil bei einem Galaessen, an dem Ludwig XIV. teilnahm, die Seefische nicht rechtzeitig eintrafen. – *Bison Ravi* ist ein von Boris Vian öfters benutztes Anagramm seines Namens.

Seite 259 *Maikäfer*: Der Verstorbene heißt im Französischen Hanotaux. Diesen Namen kann man auch als »hanneton« lesen, der »Maikäfer«. *Albert Auguste Gabriel Hanotaux* (1853–1944) war Politiker und Historiker, u. a. auch französischer Sonderbotschafter in Rom und seit 1897 Mitglied der Academie Française. Er schrieb ein Buch über Kardinal Richelieu, eine »Illustrierte Geschichte des 1. Weltkriegs« und er war Herausgeber einer breit angelegten »Geschichte der französischen Nation«. Die Mitglieder der Academie Française pflegen bei ihren Sitzungen eine grüne Robe zu tragen.

Seite 265 *die wollnen Socken*: Das Gedicht endet mit einem Wortspiel, das in deutscher Übersetzung nicht nachzuvollziehen ist (allenfalls als gänzlich neues Gedicht, das die Methode transponieren würde). Die »wollnen Socken« (bas laine) sind im Französischen zugleich der »Wal« (balaine). Aus diesem Gleichklang ergibt sich der Witz des Gedichts.

Der Java von den genagelten Schnürstiefeln (La java des chaussettes à clous): Gehört zu einer Reihe von Liedern, die Boris Vian 1954 für ein Stück von Henri-François Rey geschrieben hat: »La Bande à Bonnot«. – In einer kürzeren Fassung, zu der Jimmy Walter 1955 die Musik komponierte, erstmals gedruckt in »Textes et chansons« (1966). – Eine Schallplatte mit 12 Liedern Vians zu »La Bande à Bonnot« wurde 1975 mit der Musik von Louis Bessières von

Jacques Canetti produziert. – Enthalten in »Chansons«, Paris 1984. – Deutsch von Bernhard Thieme.

Ein paar Schläge in die Fresse rein (Une bonn' paire de claques): Geschrieben 1958 für Henri Salvador. In der Vertonung von Salvador wurde das Chanson auch von Louis Massis, Anne Gacoin, Mouloudji und den Charlots gesungen. – Enthalten in »Textes et chansons« (1966) und in »Chansons«, Paris 1984. – Deutsch von Steffen Mensching.

Rock-and-roll-Mops (Rock and roll-mops): Entstanden 1956. Die Musik komponierte Michel Legrand. Plattenaufnahmen als »un chef et un hors d'œuvre signé Vernon Sinclair et Big Mike« von Henri Cording, Earl Cadillac, Ferry »rock« Barendse, ferner eine Raubpressung von Henri Salvador und zuletzt von den Rocking Rebels aufgenommen. – Enthalten in »Textes et chansons« (Ausgabe von 1969) und in »Chansons«, Paris 1984. – Deutsch von Klaus-Dieter Sommer.

Warum sagt man denn nicht einfach (Pourquoi qu'on peut pas): Entstanden 1955. Die Musik komponierte Alain Goraguer. Das Chanson gehörte zum Vortragsprogramm von Boris Vian bei seiner Tournee. – Enthalten in »Chansons«, Paris 1984. – Deutsch von Steffen Mensching.

Die Piraten (Les pirates): Entstanden 1954. Boris Vian komponierte auch die Musik. Es gibt eine Plattenaufnahme von Béatrice Moulin. – Enthalten in »Textes et chansons« (1966) und in »Chansons«, Paris 1984. – Deutsch von Bernhard Thieme.

Ich war sein Mädchen (J'étais sa môme): Entstanden 1958. – Enthalten in »Chansons«, Paris 1984. – Deutsch von Bernhard Thieme.

Kintopp (Cinématographe): 1954 entstanden. Die Musik komponierte Jimmy Walter. Eines der populärsten Chansons von Boris Vian, das er auch selbst gesungen und dessen Aufnahme sich erhalten hat. Plattenaufnahmen gibt es außerdem von Mouloudji, Elise Valée, Béatrice Moulin, den Charlots, Joan Danniell und von der New Animal Cradors Band. – Enthalten in »Chansons«, Paris 1984. – Deutsch von Sibylle Christlein und Rainer Zimmer.

Jagd auf den Mann (La chasse à l'homme): 1958 geschrieben unter Mitarbeit von Christiane de Berg. Die Musik komponierte Michèle Auzepy. Von diesem Chanson existieren mehrere stark abweichende Versionen. – Enthalten in »Chansons«, Paris 1984. – Die Übersetzung von Sibylle Christlein und Rainer Zimmer folgt einer Liedpartiturveröffentlichung bei Éditions Majestic von 1964, die Magali Noël und Pauline Julien für ihre Plattenaufnahmen benutzt haben.

Tu mir weh, Johnny (Fais-moi mal, Johnny): Geschrieben 1956. Die Musik komponierte Alain Goraguer. Der erste Sado-maso-Rock der tausendjährigen Geschichte des französischen Chansons, dem Magali Noël zu unsterblichem Ruhm verholfen hat. Außerdem gibt es Plattenaufnahmen von Pauline Julien, Monique Tarbes, den Charlots u. a. – Enthalten in »Chansons«, Paris 1984. – Deutsch von Sibylle Christlein und Rainer Zimmer.

Das schlechte Gedächtnis (La mauvaise mémoire): Geschrieben 1958. Musiken komponierten Philippe Gérard und Henry-Jacques Dupuy. Es gibt eine Plattenaufnahme von Marie-José Casanova. – Enthalten in »Textes et chansons« (1966) und in »Chansons«, Paris 1984. – Deutsch von Sibylle Christlein und Rainer Zimmer.

Singt (Chantez): Geschrieben 1954. Boris Vian komponierte auch die Musik. Das Lied gehörte zu seinem Vortragsrepertoire. Eine Plattenaufnahme gibt es von Béatrice Moulin. – Enthalten in »Textes et chansons« (1966) und in

»Chansons«, Paris 1984. – Deutsch von Sibylle Christlein und Rainer Zimmer.

Der Entkommene (L'évadé): Geschrieben 1954. – Enthalten in »Textes et chansons«, Paris 1969. – Deutsch von Sibylle Christlein und Rainer Zimmer.

INHALT

Aus dem Rahmen

Zazous

Stare

Legende vom Star und vom Starmatz
Ornithologische und überzeugende Allegorie

Auf Marken

Alberne Törtchen

Man hat mir das erzählt

Entspannung

Evangelium
nach den fünf Sonetten

Die Sprichwörtlichen

Deklinationen

In Balladenform

Aus der Mode gekommene Nachrichten

Anhang

Zwölf weitere Lieder

BORIS VIAN

Geboren 1920 in Ville d'Avray. 1939 École Centrale des Arts et Manufactures in Angoulême. 1942 Ingenieursexamen. Begründet eine Amateurjazzband mit Claude Abadie. 1946/47 erscheinen seine ersten Romane, gefördert von Raymond Queneau und Jean-Paul Sartre. Bis 1947 Ingenieur; daneben und in den folgenden Jahren Schriftsteller, Jazztrompeter, Chansonnier, Schauspieler, Übersetzer und Leiter der Jazzplattenabteilung bei Philips. Starb 1959 in Paris.

WERKE VON BORIS VIAN
(Verzeichnis der Erstausgaben)

J'irai cracher sur vos tombes. Roman. Paris, 1946
Vercoquin et le plancton. Roman. Paris, 1946
L'Écume des jours. Roman. Paris, 1947
L'Automne à Pékin. Roman. Paris, 1947
Les Morts ont tous la même peau. Roman. Suivi de Les Chiens, le désir et la mort. Paris, 1947
Barnum's Digest. Poèmes. Paris, 1948
Et on tuera tous les affreux. Roman. Paris, 1948
Les Fourmis. Nouvelles. Paris, 1949
Cantilènes en gelée. Poèmes. Limoges, 1949
L'Équarrissage pour tous. Pièce. Suivi de Le dernier des métiers. Paris, 1950
L'Herbe rouge. Roman. Paris, 1950
Elles se rendent pas compte. Roman. Paris, 1950
L'Arrache-Coeur. Roman. Paris, 1953
Fiesta. Opéra en un acte. Livret de Boris Vian. Musique de Darius Milhaud. Paris, 1958
En avant la Zizique. Esquisse d'une classification des chansons. Paris, 1958
Les Bâtisseurs d'Empire. Pièce. Paris, 1959
Zoneilles (avec Michel Arnaud et Raymond Queneau). Paris, 1961
Le Goûter des généraux. Pièce. Paris, 1962
Je voudrais pas crever. Poèmes. Paris, 1962
Textes et Chansons. Paris, 1966
Trouble dans les Andains. Roman. Paris, 1966

Chroniques de Jazz. Paris, 1967

Le Loup-garou. Suivi de douze autres nouvelles. Paris, 1970

Théâtre inédit: Tête de méduse, Série blême, Le Chasseur français. Paris, 1971

Le Chevalier de neige. Paris, 1974

Le Dossier de l'affaire »J'irai cracher sur vos tombes«. Paris, 1974

Chroniques du Menteur. Paris, 1974

Derrière la Zizique. Paris, 1976

Petits Spectacles. Paris, 1977

Cinéma. Science-Fiction. Paris, 1978

Traité de civisme. Paris, 1979

Écrits Pornographiques. Paris, 1980

Le Ratichon baigneur et autres nouvelles inédites. Paris, 1981

Autres Écrits sur le Jazz. Tome I. Jazz-Hot/Combat. Paris, 1981

Autres Écrits sur le Jazz. Tome II. Paris, 1982

Opéras. Paris, 1982

La Belle Époque (Variétés). Paris, 1982

Cents Sonnets. Paris, 1984

Chansons. Paris, 1984

Die in der Zweitausendeins-Ausgabe erschienenen

WERKE VON BORIS VIAN

Ich werde auf eure Gräber spucken. Roman.

Der Schaum der Tage. Roman.

Herbst in Peking. Roman.

Der Herzausreißer. Roman.

Das rote Gras. Roman.

Die kapieren nicht. Roman.

Tote haben alle dieselbe Haut. Roman.

Aufruhr in den Andennen. Roman.

Wir werden alle Fiesen killen. Roman.

Drehwurm, Swing und das Plankton. Roman.

Gesammelte Theaterstücke.

Faule Zeiten. Gesammelte Erzählungen I.

Liebe ist blind. Gesammelte Erzählungen II.

Der Kommissar und die Grüne Pantherin.
Gesammelte Schriften.

Ich möchte nicht krepieren.
Gedichte, Lieder und Texte.

Jedem seine Schlange.
Szenen, Libretti, Lieder und Glossen.

Hundert Sonette.